新教师职业发展丛书

XINJIAOSHI
ZHIYE FAZHAN
CONGSHU

U0724329

教师科研意识的自我培养

本书编写组◎编

石　柠　董倩超◎编著

JIAOSHI KEYAN YISHI DE ZIWO PEIYANG

高素质的教师不仅应该是有知识、有学问的人，而且还必须是有道德、有理想、有专业追求的人，不仅是高起点的人，而且是终身学习、不断超越自我的人；不仅是专业学科领域的专家，而且是教育科学的专家。

世界图书出版公司

广州·北京·上海·西安

图书在版编目（CIP）数据

教师科研意识的自我培养／《教师科研意识的自我培养》编写组编. —广州：广东世界图书出版公司，2010. 4（2024.2 重印）

ISBN 978 - 7 - 5100 - 1960 - 9

Ⅰ. ①教… Ⅱ. ①教… Ⅲ. ①中小学 - 教育科学 - 科学研究 Ⅳ. ①G632. 0

中国版本图书馆 CIP 数据核字（2010）第 050003 号

书　　名	教师科研意识的自我培养	
	JIAO SHI KE YAN YI SHI DE ZI WO PEI YANG	
编　　者	《教师科研意识的自我培养》编写组	
责任编辑	李铭丝	
装帧设计	三棵树设计工作组	
出版发行	世界图书出版有限公司　世界图书出版广东有限公司	
地　　址	广州市海珠区新港西路大江冲 25 号	
邮　　编	510300	
电　　话	020-84452179	
网　　址	http://www.gdst.com.cn	
邮　　箱	wpc_gdst@163.com	
经　　销	新华书店	
印　　刷	唐山富达印务有限公司	
开　　本	787mm×1092mm　1/16	
印　　张	13	
字　　数	160 千字	
版　　次	2010 年 4 月第 1 版　2024 年 2 月第 4 次印刷	
国际书号	ISBN　978-7-5100-1960-9	
定　　价	59.80 元	

"光辉书房新知文库"

总策划/总主编:石　恢

副总主编:王利群　方　圆

本书作者

　石　柠　董倩超

序：教师职业发展的终生要求

20 世纪 60 年代中期以来，许多国家对教师"量"的急需逐渐被提高教师"质"的需求所代替，对教师素质的关注达到了前所未有的程度。进入本世纪以后，教师专业化已经成为世界性的潮流。高质量的教师不仅被要求是有知识、有学问的人，而且还必须是有道德、有理想、有专业追求的人；不仅是高起点的人，而且是终身学习、不断自我更新的人；不仅是专业学科领域的专家，而且是教育科学的专家。

教师这个职业尽管非常普通，但却又具有非常特殊的意义。

首先，教师这个职业所面临的对象，是活生生的人，而不是无生命的物质，是正在成长中的儿童青少年。教师的职责就在于，把未成年人培养成为社会所需要的、有鲜明个性的人才。虽然以人为工作对象的职业很多，比如医生、律师等，但他们服务的时间很短，服务内容也很有限。可是教师不一样，他的工作对象众多，服务时间相对较长，服务内容广泛、全面。

其次，教师以自身作为教育手段来实施教育。教师自己的知识、经验、人格、素养，就是对学生进行教育的材料，更是教育学生的手段，离开了教师这一最生动的教育手段，其他的手段，即便再先进，其教育的效果也要大打折扣。古往今来，对教师这一职业都具有双重的要求，即"教书育人"。孔子十分重视师德修养，他说："其身正，不令而行。其身不正，虽令不从""不能正其身，如何正人？"随着社会的发展，教师不仅要"传道、授业、解惑"，而且要"身正垂范"。教师的言传身教对学生的学习、品德和行为的发展起着重要的作用。换句话说，教师是学生最直接的学习与生活的模范和榜样。一个优秀的教师往往是学生崇拜和模仿的对象，他的思想、品行、情感、意志力、人格特征对学生会产生潜移默化的影响，甚至直接影响学生将来的发展。

再次，教师担任学生保健医生的角色。目前，素质教育要求全面提高学生的思想道德、文化科学、劳动技能和身体心理素质，促进学生全面健康地发展。而在学生的整体素质中，心理素质本身占有重要的地位，心理素质的好坏影响着其他素质的发展和提高。因此，教师作为教育活动的组织者和实施者，还担负着学生心理健康教育的重任。

最后，教师是一个需要终身发展的职业。随着社会的发展，特别是科学技术与信息技术的迅猛发展，教师职业将处于不断变化和发展之中，那种一旦成为教师就可以一劳永逸的思想与时代的发展越来越不相吻合，教师职业已经成为终身发展的过程，社会的发展需要教师不断地自我更新知识。教育家吕型伟曾说过："教育是事业，事业的意义在于献身；教育是科学，科学的价值在于求真；教育是艺术，艺术的生命在于创新"。他的这番话道出了教师职业终身发展过程的本质。

总之，教师要合格地履行自己的专业角色，就必须具备良好的专业品质和素养，关注自己的职业发展。抓住机遇，迎接挑战，是每一位教师必须面对的重要问题！

本丛书编委会

目 录

引　言

教育科研，是花开花落的成熟，还是拔苗助长的无奈？

教育科研，是思想智慧的结晶，还是教育成果的装修？

教育科研，是成长进步的阶梯，还是资格晋升的垫脚石？

教育科研是论文？是反思？是随笔？是课题？

我认为都不是。

真正的教育科研应该是一种有意识的行动。

当我们拨开层层云雾来寻找教师成长的动力时，我们发现，论文、随笔等只是教育科研的结果，而那种做教育科研的意识行为，才是促进教师的发展的原动力。

那么究竟什么是教育科研意识呢？

所谓教育科研意识，就是对教育活动的有意识的追求和探索，是运用教育科学理论指导教育活动的自觉行为，是对所从事

的教育活动的一种清晰而完整的认识。它既表现为行为主体对教育环境的主动适应，也表现为行为主体对教育环境的积极影响与改造。

国务院颁发的《国家中长期科学和技术发展规划纲要（2006～2020年）》（国发［2006］6号）指出："应充分发挥教育在创新人才培养中的重要作用。"培养创新人才，自然离不开创新教育。传统教学方法主要以教师为中心展开教学，以"独自式教学"为主，教师在课堂上"满堂灌"，学生被动接受知识，导致教学效果不理想，久而久之，学生自然会丧失学习的兴趣和热情，动手能力、创新能力不强，最终会在市场竞争中处于不利之地。前苏联著名教育理论家和实践家苏霍姆林斯基在《给教师的建议》一书中说过："只有能够激发学生进行自我教育的教育，才是真正的教育。"

如何实现"真正的教育"呢？要改革传统的教育教学方法。教师要提高教学质量，改革教学方法，就要依赖教育科学研究。没有教育科研工作的反复实践求证，教学改革将是盲目而缺乏科学依据的。

这就需要教师培养自我的科研意识。在日常教学工作中，教师应意识到教育科研与教学改革的辩证统一关系，重视对自身教育科研意识的培养，积极参与教育科研工作，从而提高自身的素质，推动教学改革的开展。

教育科研意识是教师的一种心理素质，是教师的职业理想、职业道德、知识素质、能力个性的综合体现，是推动教育改革，教学发展的原动力。

本书将以一种崭新的视角来带领你重新认识教育科研，探索教育科研，帮助你形成一种自觉的科研意识，为将来成为一名优秀的科研型教师打下基础。

第一章 关于教育科研

　　教育科研是探索教育教学规律、促进教育发展、提高教育教学质量的第一推动力。可以说，在当今教育教学改革不断深入的形势下，一般的教学研究已不能适应时代发展的要求，只有运用科学的理论和方法，有意识、有目的、有计划地对教育领域中的现象和规律进行探索，才能真正解决教育教学工作中的实际问题。

　　教育有利于转变教育思想，确立新的教育理念。思想是行动的先导，有了正确的教育思想，才能产生正确的教育行为。在社会进步的同时，教师要改变以往的教育思想，与社会连接，这样才能进步。通过开展教育研究，确立现代的办学理念和教育思想，把握正确方法、措施、途径。

　　教育科研有助于解决教育实践中的问题，提高科学育人、科学管理的水平。社会要求把学生培养成为德、智、体、美全面发展，具有创新精神和实践能力的建设者和接班人。在教学的过程中，必然会遇到各种矛盾和问题，通过教学研究，促使教师自觉地钻研教育理论，运用理论去了解、分析、研究各种教育现象。

教育科研有助于形成学校的学术文化，提高办学品位，形成学校特色。一个学校的发展，必须重视学术文化的建设，形成浓郁的学校文化氛围，学术的形成和发展，教育研究具有不可代替的作用。通过教育研究，不仅可以出科研成果，更重要的是增强师生的科研意识，提高他们的科学精神，使学校不断提升学术文化水平。

教育科研有助于校本培训，提高广大教师的专业水平。教师要具有精深的学科专业知识和比较广博的基础知识，而且要具有教育专业化的素养，具有现代教育理论的素养和创造地实践的能力。可以说参加教育研究本身就是一种培训教师的有效途径。

教育科研对未来教育方向起到指导作用，其意义不容忽视。

第一节　教育科研的定义

教育科研是指借助教育理论，以有价值的教育现象为研究对象，运用相应的科研方法，进行有目的、有计划地探索教育规律的创造性认识活动。

教育科研可分为三种类型：一是理论性研究。它是在教育实践基础上，利用科学研究方法认识和剖析各种教育现象，探索教育的本质和规律，以形成较系统的基础理论研究成果为目标的研究活动。二是应用性研究。它着重考虑如何将基础理论研究成果与教育实践联系起来，开辟应用的途径，探索搞好教育工作的规律以及如何通过实践进一步深化和丰富基础理论。三是开发研究。它旨在运用现有的研究成果，拓展知识，开辟新的应用领域。

教育科研的目的，就是要解决教育活动中的问题，探索教育发展的规律，进而为教育实践服务，为教育决策服务，为教育发展服务。

例如，20 世纪 80 年代，我国的基础教育出现了严重的片面追求升学率的现象。为解决这一问题，湖南汨罗、山东烟台等地进行了一系列的"素质教育"研究，经过12年的努力，取得了丰硕的成果。根据各地的研究经验和中国教育的发展趋势，1993年2月，中共中央国务院颁布了《中国教育改革和发展纲要》，明确提出中小学要由应试教育转到全面提高国民素质的轨道上来。这就是针对实际问题进行研究分析，又把研究成果运用于教育决策和教育实践的典型实例。

教育科研要运用科学的方法。人类社会发展到现在，已经在教育科学研究领域取得了许多科学的研究成果，总结出了许多行之有效的科研方法。搞教育科研就要按照这些方法的要求进行。其实，教育科研方法是教育科研规律的反映。按教育科研方法的要求搞科研，其实质是遵循教育科研规律，按客观规律办事。大量的事实已经证明，凡是遵循教育科研规律，运用科学的研究方法的教育科研都能取得事半功倍的效果；而不遵循教育科研规律，盲目搞研究带来的则是事倍功半，甚至是一无所获。

在日常的教育教学工作中，我们经常会遇到这样或那样的问题，并利用科学的方法有计划地去解决它们。例如，针对语文或

外语教学中学生的听说问题，可以进行"培养学生听说能力的研究"；针对学生解答应用题时的思维方式问题，可以进行"解题思路研究"。这种"利用科学的方法有计划地去解决问题"的过程，本身就是教育科研。

教育科研的结果是获得新认识，形成科学的结论，即形成科学的理论或观点。其具体表现形式就是研究报告（包括实验报告、调查报告和其他研究报告）、经验总结和科研论文等。那种虽然在头脑中思索了，也有了新认识，但未写出来的研究和虽然写成了论文或经验总结，但没有新观点，未形成新认识或新理论的教育科研不是完整的教育科研，也不是成功的教育科研。

教育科研内容广泛，涉及教育的各个领域。比如，教育教学现象、教育教学过程、教育教学内容、教育教学方法以及与之相关的社会现象、心理现象、教育教学工作的组织管理等等，都属于教育科研的范畴。

总而言之，教育科研是一种探索和认识教育教学规律的实践活动，是提高教育教学质量、促进教育发展的主要推动力。

第二节 教育科研的任务及特点

教育科研的基本任务是：以马列主义、毛泽东思想和邓小平理论为指导，研究和解决教育事业发展与改革过程中提出的重大理论问题和现实问题，认识和掌握社会主义教育发展的客观规律，更好地指导教育实践，为建设有中国特色的教育体系和教育科研体系贡献力量。

具体来说，教育科研的主要任务有以下几个方面：

1. 总结教育的历史经验

我国在教育方面有悠久的历史和丰富的经验。从孔夫子到陶行之，从老解放区到当代，涌现出许多重要的教育家和教育流派，有如灿烂的群星。他们各自体现了时代的精神面貌，代表着那个阶段教育理论的发展。我们应以马克思主义为指导进行批判继承。找出中国教育发展史上内在的带有规律性的东西，并加以改革发展。历史是世代的延续和交替，我们沿着历史的序列进行纵向研究，吸收我国历史上无限丰富的宝藏，我们今天的教育科

学就一定会更充实、更生动，更具有民族形式、民族风格和民族特色。

2. 研究当代教育的发展

这是整个教育科研的重点。教育科研以研究重大现实问题为主，但也应重视基础理论的研究。基础理论研究对解决现实的需要和科学的发展来说都是十分重要的。教育科研工作应把基础理论问题的研究和实际问题的研究紧密结合起来。而把重点放在现实生活中提出的理论问题和实际问题上，用教育的基础理论来指导教育实践。

3. 预测教育的未来趋势

根据社会科技经济的发展趋势，预测教育的未来趋势，目的在于向教育决策人员提供有关未来社会人口、人才需求、教育体制、教育内容和教育形式等方面的资料和种种可行性方案，为教育领导机构制定短期、中期、长期的教育发展规划和政策服务。同时，它还要根据教育发展过程的新趋势、新课题、新要求，预测对未来教育的影响，从而使教育工作者及时修正教育的要求、内容和方式，培养出适应未来要求的全面发展的一代新人。

4．进行国内外教育的比较

目的在于以教育的整个领域为对象，对两国或两国以上的教育实践和理论进行比较分析，揭示其共性和个性特征，从中找出规律和趋势。通过比较教育的研究，既能促进现代教育观念的形成，还可以深化教育改革的进程。

5．推动教育科学的学科建设

教育科学要在教育改革中发挥其应有的作用，必须加强自身的学科建设，包括学科的基本理论建设、基本文献资料建设和学术梯队的建设。在教育学科建设上，要做到统筹兼顾，突出重点。传统学科要注意逐步形成特色，发挥优势；要扶持新兴学科，加强边缘学科。对原有基础较好的学科，应在系统总结我国教育实践经验和吸收本学科及相关学科最新研究成果的基础上，大力提高理论水平，更新学科内容，补充学科中的缺陷，形成具有我国特色的学科体系，编写出具有较高水平的学术著作。

教师进行的教育研究主要是学校科研。其特点主要有以下几方面：

1．在已有的教育科学理论指导下进行是即教育科学理论指

导下进行是教育科研的基础。这些内容大部分教师都有所接触。包括教育学导论、心理学、教育管理学、教育社会学、德育论、教学论、行为科学、美学、未来学。这些以先进的教育理念作支点，可以指导教育科研的方法，开拓思路，为怎样设计研究，组织实施，怎样总结研究的成果提供依据。

2. 学校的教育科研工作主要是应用性研究，对象教育就是教育实事。一是理论，二是实践理论和实践相结合是目标，可以是教育的过去，教育的现在，教育的未来。把教育的基本理论转化为应用性科学和实际教育技能，技术。如大家最关心的问题，课堂教学中如何操作，才算是创新，怎样做才是素质教育，素质教育的核心是什么等。素质教育的核心是以德育人，因材施教，有四个要点：诚实，爱心，现代公民意识，良好习惯养。

3. 学校的教育科研要运用科学的方法。基本是辩证唯物主义方法论，科学方法论。即科学研究的一般方法，运用到教育科学研究中形成的研究方法。如观察法、调查、实验、经验总结、行动研究等。

4. 是有目的、有计划地进行。这也是学校教育科研科学性和教育性的体现。即不随意性的，从提出研究目标（课题），明确目的。为实现目标有步骤有计划地去进行。

5. 学校教育科研是创造性的认识活动。科学研究是一种创造性的认识活动，如探求学校教育各方面的未知，发现新规律，求得新结论，创造出更科学的新的教育方法如诱思探究，继承和发展前人的研究。现在学校有很多问题，人人谈论的问题（减负、素质教育、创新等），有的就可以作为重要的研究课题。

教师应该不断去研究，执行学校科研课题方案和细则，同时练就一双善于发现问题的慧眼，做好身边的研究。

第三节　教育科研的原则

教师的教育科学研究原则是进行教育科研活动必须遵循的基本准则和要求。它是教育科研规律的反映和教育科研实践经验的概括，是有效开展教育科研的根本保证。这些原则，要贯穿于教育科学研究的整个过程，体现于每一环节之中：

1. 教育性原则

（1）中小学教育科研的目的、内容要符合教育目的的要求，

应具有教育意义，不能进行任何影响中小学生身心健康的研究。教育科研当中不能提出与国家教育要求相矛盾的要求、作业，不能用创造情境诱使学生产生不良行为的方法来获取研究资料。比如不能为研究网络对中小学生的负面影响，而创设条件让学生接触网络上的一些不良信息。

（2）中小学教育科研的过程和结果要有利于学生身心健康和全面发展。不能为研究的需要随便增加学生负担，加大家长支出，耽误学生学习，影响学生成绩。一些调查资料如果与被调查者的切身利益有关，则应注意保密。研究的设计和实施，要注意尽可能不影响教育过程的正常进行。每次实施研究过程的时间不宜过长，要考虑学生生理和心理的承受力。

总之，中小学教育科研要把教育人、培养人、塑造人作为出发点和归宿，坚持把教育性原则贯彻于中小学教育科学研究的全过程。

2. 客观性原则

（1）必须全面、真实、系统地占有材料。教育科研的过程就是一个占有材料、揭示本质、发现规律的过程，没有足够的事实材料为依据，就不能有效地进行教育科研。因此，教育科研的首要环节就是尽可能全面地占有反映研究问题情况的材料，为分析研究提供可靠的和充足的依据。教育科研的实践证明，所搜集的材料越全面、越真实、越系统，就越有代表性，越能反映问题的本质。零碎的、片面的材料是不能够进行科学的推断的。

（2）研究者要坚持客观的态度，收集资料、分析资料要客观。教育科研工作者必须尊重客观事实。搜集材料要全面、系统，绝不能凭个人的好恶，想当然地对材料进行有选择的收集。在整理分析材料时，也不能根据预先的假设，不顾客观事实，任意对材料进行删减甚至修改事实与数据。如果为了使实验假设成立而故意编造实验数据，在调查研究时对于不符合自己主观想法、不符合领导口味的资料和数据采取修改、回避的态度和做法，都是违背客观性原则的表现。对于研究成果，更要强调实事求是，无论自己的研究成果是成功的还是失败的，也不论对自己原先的假设是肯定的还是否定的，都应如实反映，绝不应以个人的利害得失而违反实事求是的原则。因为，事物的发展规律，只能从客观事物本身的运动、变化的事实中引申出来。在教育科研实践中，只有严格的客观态度，忠实地反映客观事实，才能正确

地反映客观事物中的因果关系和内在的必然联系，才有可能获得科学的结论。

3. 系统性原则

系统性原则是指用整体的、系统的观点指导科研活动。中小学教育不是孤立存在的，它是社会这个大系统中的一个小的子系统，更是教育这个系统中的一个子系统，所以研究中小学教育时，要考虑教育与社会的相互联系，分析家庭环境、社会环境的影响，更要和其他层次的教育联系起来进行综合研究，要考虑到社会、其他层次的教育对中小学教育的影响。也就是说，中小学教育科学研究不仅仅是研究中小学教育。另外，在中小学教育科学研究中，思想政治教育、教学、课外教育等，彼此都是相互联系的，构成统一整体。研究其中某一部分，也应把它放在全面发展的整体教育之中去研究。

我们还应当看到中小学教育科研本身就是一种系统的研究探索活动。因而，中小学教育科研要有明确的目的，严密的计划，科学的方法，周密的组织，合理的程序和步骤，构成一个规范的科学的探索活动系统。

4. 理论和实际相结合的原则

理论与实践相结合是指中小学教育科研既要重视理论的指导，又要重视实践，将理论与实践辩证统一起来，密切联系中小学教育教学实际，使一切科学研究的结论都建立在广泛的严格的科学实验基础之上。中小学教育科研的课题主要存在于中小学教育实践中，它的研究结果也多是为教育实践服务。但忽视理论指导、理论分析也是不行的。缺乏理论指导，往往流于皮毛，流于形式，不深入，层次不高。研究过程必须在正确的理论指导下才能取得成效，研究的结果必须经过理性分析，上升到理论上才有普遍指导意义。中小学教师进行教育科研，特别要注意学习教育理论，进行理论分析，不要把研究局限在狭小的实用范围内。反之，不重视实践，没有规范的教育实验，则容易停留在宣传、解释、注释教育方针、政策上，难深入具体，难以形成有说服力的科研成果。

5. 创新性原则

创新性原则指的是中小学教育科研要有新意，能发现别人没有发现的问题，探索出别人没有实践过的富有创意的教育内容、

方法、手段、措施等，也就是说要在原有认识的基础上有所发展、创造。这主要体现在对前人没有研究或研究得较少以及对前人已有研究但从深化或相悖的方向来展开的研究上。中小学教育科研中的创新不仅是研究成果的创新，也包含研究内容、研究设计、研究方法以及研究技术的创新。教育科研中的新发现、新思想、新观点常常来源于研究设计、方法的创新。对中小学教师来说，只要围绕自己教学、管理工作中实际存在的问题来展开研究，解决工作中的困难就是创新。

孟子曰："尽信书，则不如无书。"躺在别人的教育研究成果之上来搞一些诠释、注解，这不是真正的教育科研，当然也谈不上创新。教育科研不是为了重复已有的理论和认识，它的目的在于通过研究获取新信息、掌握新特点、发现新规律，丰富和发展现有的教育理论知识宝库。从这个意义上讲，创新是中小学教育科研（实际上是一切科学研究）的生命力之所在。没有创新，不能适应时代发展的需求，科研也就失去了意义。因此，在中小学教育科研中，必须遵循创新性原则，这是衡量一项教育科研有无价值以及价值大小的最重要标准。

6. 定性研究与定量相结合的原则

客观存在的一切事物均是质和量的统一体。在中小学教育科研中，同样应坚持定性研究与定量研究的结合，使科研规范化，使研究结果精确化。马克思说："一种科学只有成功地运用数学时，才算达到真正完善的地步。"一切笼统和大概的东西都是没有地位的，对所研究的对象不仅应有定性的分析，而且应有定量的分析。定性常常是定量的前提，定量则是定性的精确化。这就要求教育研究者要深入实际，细致观察，了解事物的真相，掌握进行理论分析的丰富而生动的事实材料，通过分析、综合、分类、比较及归纳与演绎等方法，运用理论分析和逻辑分析，把握事物的因果关系，认识和揭示事物的本质及规律。要善于在感性认识的基础上，透过现象，分析主要矛盾，发现事物的本质特征，最终做出科学的准确的定性分析。同时，要在了解事物的本质时，注意事物的数量，包括事物的大小、多少、规模、时间、空间、强度、变化程度和发展速度等，依据统计学的方法进行整理和简缩，找出其分布特征（如集中趋势、离中趋势、相关程度等），计算出一些具有概括性的统计数据（如平均数、标准差、

相关系数等）。借助这些概括性的数据，使人们从杂乱无章的资料中获取有意义的信息，以便对不同的样本进行比较，作出结论。

第四节　教师教育科研的现状

20 世纪 90 年代以来，随着新课程改革的推行，教师教育科研得到了前所未有的推进，涌现了一批卓有成效的研究型教师，出现了大量教育研究成果，促进了学校教育教学质量的提高。

然而，通过一些教师的课题立项申请报告、教育教学研究评奖论文，我们不难发现，当前校教师在进行教育科研的过程中还存着不少问题和偏差。

纵观学校教师教育科研现状，大致存在以下问题：

1. 从教育科研立项管理方面看，存在"多、滥、偏、差"的问题。

"多"主要体现在课题立项多，低水平重复选题多，选题交叉多，硬性摊派多等方面；"滥"主要体现在滥立项、滥挂牌、滥设奖项、滥出成果、滥串课题及主持人；"偏"主要体现为分布偏，科研课题的主持人多数偏在领导，一线教师少，课题选择偏等；"差"的体现为课题质量不高，课题研究有始无终，有头无尾，缺乏过程管理等。

2. 从研究层面看，存在"大、空、少、抄"的现象。课题选题范围大、题目大、内容空、实际操作过程少、课题过程材料照抄照搬、实验方案抄、实验计划抄、实验报告抄等现象。

3. 从研究者的哲学思想看，存在"绝对化、片面化"的偏颇。研究得出的经验或成果存在不容商榷的问题，非 A 即 B，以偏概全，没有从辩证唯物主义思想出发，违反了唯物辩证法的客观规律，更没有从心理学特别是教育心理学的理论出发，对于认知规律没有进行过比较和分析，研究者在科研的过程中轻内容、轻目标、轻过程，存在很多形式主义的东西。

4. 从研究者本身看，很多课题主持人不具备研究大型课题的科研能力，研究过程不注重学习，更不注意总结经验，也不及时参加各级培训活动，不能够将实践经验进行提炼，致使好的科研课题未能及时发挥指导教育教学的作用，科研成果最后束之高阁，做了很多无用功。

5. 从课题的研究对象看，我们教育工作者更多的是应该从

一线教育教学出发，关注教育热点难点，一切为提高教育教学质量服务，所以我们科研的研究对象应该更多关注我们的学生。学生是发展变化的活生生的人，随着社会环境的变化，他们的思想观念特别是世界观也在变化，所以我们的研究方法不应是一成不变。但是目前看，很多课题却不是这样，很多课题围绕一些不着边际的内容，造成科研精力和经费的巨大浪费和损失。

6. 从课题运行的监督检查机制看，存在的问题更是不容忽视。主要表现为：科研部门的职能作用发挥不强，不能做到令行禁止，致使科研管理混乱；对学校没有评估机制，教育行政部门没有授予检查评分的权重分值；再有，就是科研部门自身没有建立健全严格的规章制度和科研管理制度，没有加强组织建设和队伍建设等。

第五节　教师进行教育科研的意义

传统教育观念认为，搞教育科学研究是那些受过训练的专业理论工作者的事，因为他们具有较深的理论功底和科学研究能力，容易看到事物的整体结构及其发展脉络，更容易对一些教师认为是理所当然的事情产生强烈的探究兴趣，由表及里地进行深层次的研究。然而，由于理论工作者缺少丰富的学校教育生活经验，所以很难体会到具体教育实践活动中复杂的人际互动和深层的意义。而教师进行科研工作相对来说则具有相对优越的条件。

教师科研是时代发展的需要。当今世界，科学技术迅猛发展，知识更新日新月异。2002年9月8日，江泽民同志在北师大百年校庆的讲话中，提出了"教育创新"的理念。如何进行"教育创新"？教育科研就是不可或缺的手段。只有搞教育科研，才能进行"教育创新"；只有进行"教育创新"，才能全面深入地推进素质教育，推动教育发展。

那么，教育创新靠什么？靠科研。随着教育的改革与发展，无论是学校还是教师对教育科研的重视程度越来越高。"科研兴教"、"科研兴校"已经成为一种口号。教育科研要质量、要效益，走科研兴教、科研兴校之路已经成为人们的广泛共识。教育改革与发展的实践和教育科研的实践充分地证明：教育科研对教育改革与发展、教育教学质量的提高、教师素质的培养具有重要的意义。

教育科研是提高教育教学质量的需要。近年来的教育实践证

明，单靠"苦教、苦学、苦练"已经行不通了。如果我们还墨守成规的话，新一轮课程改革就难以实施。因此，我们必须转变教育教学观念，注重培养学生的创新精神和实践能力，向教育科研要质量、要效益。

教育科研是提高教师素质的需要。社会的发展对人才的要求越来越高。高素质的人才离不开高素质的教育，而高素质的教育有赖于高素质的教师。教师要想提高自身素质，搞教育科研绝对是一条"终南捷径"，这一点已被许多成功的经验所证明。比如，我们熟知的当代教育家魏书生、顾泠沅先生就是很好的范例。

一、教育活动离不开科学研究

教育是培养人的活动。教育活动具有科学性和艺术性。教育活动必须遵循一定的规律进行。教育不按照一定的规律进行就不能取得很好的教育效果，就不能很好地促进学生的发展。如果教育活动违背了教育规律，就会对学生的身心发展带来负面的影响，不但不能促进学生的发展，反而会阻碍、损害学生的身心发展，对学生的成长造成不良的后果。因此，进行教育活动要遵循教育规律。教育工作者要掌握教育规律，遵循教育规律开展教育教学活动。研究、探讨、发现、掌握教育规律是搞好教育活动的前提条件。

教育规律蕴藏在教育教学活动实践中，要研究、发现、掌握教育规律，就必须开展科研活动。教育工作者在一定的理论指导下，对教育中的现象和问题进行研究，透过表面的、现象的、零散的、个体的问题，从中找到本质的、规律性的东西，这就是探索、发现、寻找教育规律的过程。把这些探索运用于实践，在实践中检验，被实践证明的就是规律，就能指导以后的教学活动。因为教育规律在一定的时间和一定的范围内对教学活动来说具有普遍意义。

在以往的教育实践活动中，我们的先辈探索、积累了很多宝贵的经验，发现了很多教育规律。这些成果是指导我们今天教育实践活动的宝贵财富。我们今天的教育是在前人探索的基础上发展而来的，是对过去教育的继承和扬弃。

二、教育改革与发展更需要科研

教育实践活动离不开研究和探索活动，教育的改革与完善更需要科研。当今社会，经济全球化、竞争激烈化，科技进步的步

伐加快。社会的发展对人才的培养提出了新的要求。经济全球化、竞争激烈化要求我们培养的人才具有国际意识、合作意识、终身学习的意识、交往能力，这是社会发展对人才培养目标的变化的要求。与之相适应的就是教育的内容、方法、途径、手段的变化的要求。培养目标变了，内容、方法、手段、途径也必须相应地跟着变化。所以说今天的教育面临着严峻的挑战。用什么方法、通过什么途径、采用什么手段，培养适应现实社会发展要求的人才是教育的当务之急。

当前的教育面临的问题很多，要解决的问题很多。素质教育的推进、具有创新精神和实践能力的人才的培养、基础教育新课程的实施，都需要我们研究、探索、实践。

三、教育科研对全面提高中小学教育教学质量有重要作用

中小学教师把自身在教育教学活动中遇到的问题作为研究课题，在研究、探索中学习教育理论，并运用理论分析、解释、解决各种教育教学现象和问题，在探讨中发现好的教育教学方法，改进不科学的教育教学行为，逐步探索、揭示、掌握教育规律，总结教育教学经验，使之升华为理性认识。在这个过程中使理论

水平得到提高，实际的教育教学能力得到增强，从而为促进学生发展，提高教育教学质量奠定坚实的基础。

四、教育科研是提高中小学教师素质的好途径

中小学教师的工作从一定意义上来说是具有创造性的工作。教学是一门艺术，同一本教材、同样的教学内容、同一个班级的学生，不同的教师教学效果会截然不同，这其中的道理就是教师的创造。从这一点来说，教师的素质对教育教学活动来说十分重要。

教育科研是促进中小学教师自身发展的有效途径。教师在科研中反思自己的教育教学行为，与先进的理论与实践碰撞，在实践中提升自己的能力和水平。这样教师在教育教学活动中学习、研究、总结、实践，就会提高自身的综合素质。实践证明教育科研是提高广大教师素质的好载体。

中小学教育质量的提高应立足于教育科研。中小学校只有走教育科研之路，才会有生机勃勃的发展。世界各国的实践证明：教育改革的关键是教师的创造性，而教师的创造性则源于教师参与教育科研。中小学教师参与教育科研是世界教育发展的共同选

择和趋势。

教育大计，教师为本。高素质的教师是高质量教育根本保证。高质量的教师从何而来，其途径不外是职前培养和职后的培训（继续教育）。就职后培训来说，教师参与科研，在工作中研究，在研究中工作，是教师提高素质的一个重要途径。

第二章　教师科研与教师的专业成长

　　上海有一家著名的报刊曾经刊登评论员文章，把科学、艺术和教育三大领域的顶尖人物分别称为"科学专家，艺术名家，教育行家"。细细品来，这三者是有高低之分的。首先是"科学专家"，"科学"殿堂神圣不可侵犯，又是"专家"，更是令人肃然起敬；其次是"艺术名家"，不仅"艺术"而且"名家"，总让人与大把的票子以及"风流倜傥"联系在一起；第三是"教育行家"，行家者，"能工巧匠"、"行家里手"也，譬如铁匠里的好铁匠，裁缝里的好裁缝，厨师里的好厨师，教书匠里技艺高超的教书匠之谓也！

　　缘何出现这种社会刻板印象？重要原因之一就是：科研领域缺乏一线教师自己的声音！正是由于广大的一线中小学教师研究意识淡薄，研究能力不强，研究成果缺乏，导致了教师的专业化

29

水平不高，从而使社会无意中轻慢了教师队伍中的杰出代表，尽管他们也曾经为"科学专家"和"艺术名家"的成长付出过艰辛的劳动。

教师的专业成长已成为新时期教师培养的"焦点"和"新增长点"。要实现教师的专业成长，教育科研势在必行。教育科研是促进教师专业成长的最佳策略和必由途径。

教师的专业成长，是把教师置于学习共同体中，把教师当作需要成长、正在成长的动态对象加以关注，以可持续性发展的眼光全面地看待教师的工作。

教师的专业成长，既指教师教育专业知识和专业技能的提高，更多的是指显性之下的隐性发展。如教师人格的完善，教师个性的张扬，教学风格的树立，教育境界的提升。

教师进行教育科研可以增加教师自身责任感，通过学习研究来发现和改正教育教学中存在的问题，有利于教师自身素质的提升和教学质量的提高。可以说教育科研就像为教师的专业化成长增添了有力的双翼，给教师带来自信和勇气，带来力量和智慧，使教师在科研过程中得到自我完善。

第一节　科研对教师的影响

当代中学教师的角色由传统单一的"知识传授"型向多元化的——学生学习资源的组织者监控者、学生情感的疏导者、心理健康的维护者等"科研型、专家型"转变。转变与定位是新时代教育对教师提出的要求。

实践表明教师参与教育科研是提高自身综合素质的最佳途径。从事教育研究能进一步提高对工作的责任感，把握教育发展的客观规律和新的趋势，不断改进教育教学实践；同时科研也将不断增进教师的自我成就感，满足教师个人发展的需要，实现人生价值。有教育专家指出，教师参加科研工作以后有四个不一样：

1. 思想境界

教育科研，教师首先要从思想上澄清对开展教育科研存在的模糊和错误的认识，提高对教育科研必要性和可能性的认识，树立并坚定搞好教育科研的信心与决心。长期以来，在中学教师

中，对开展教育科研很多人存在着一些错误观点。如中学教师只需要教学，无需科研；中学教师搞科研，再搞也搞不出什么名堂，科研只是高等院校和教育专家的事情，中学教师只要上好课，管好学生，提高升学率就行了；中学教师教学任务繁重，搞科研影响教学质量，经验即科研。在教育中凭经验办事，凭经验管理，凭感觉教学；重视经验，轻视理论，强调仿效移植，忽视科学规律的探索，诸如此类的想法和做法，严重地禁锢着广大中学教师的思想，影响着教师队伍的进取，教师素质和教学质量提高。为此我们应该澄清思想，加强学习，提高认识。当前，教师应当努力成为教育目的的实现者、教学活动的指导者、教学方法的探索者、教学活动的创造者。丰富的教育实践为中学教师开展教育科研活动提供了广阔的天地。

2. 理论素养

从教育研究的角度看，有利于中学教师开展教育科研活动。教育研究一般可划分为四种类型，即基础研究、应用研究、开放研究、行动研究。基础研究：纯教育理论研究和学术研究，目的是发现普遍规律，形成或发展教育理论；应用研究：运用基础研究得出的一般原理，针对某个教育实际问题进行研究，检验和发展教育理论；开放研究：把基础教育应用研究得到的结果，转换成可操作教育产品的研究；行动研究：非正规的教育研究，解决学校、班级和教育方案中提出的即时问题，旨在立竿见影地应用，而不考虑发展理论和广泛的概括。作为教育实践活动主要承担者和实施者的广大中学教师，开展教育研究活动有着科研工作者所无法代替的优势。其优势在应用研究、开放研究和行动研究方面。事实上，学校教育本身是教育科学的"实验室"，教师整日操劳其间，一方面进行常规的教育教学活动，一方面进行教育科学研究活动，并力求把二者有机地结合起来，就其优势是科研工作者无法比拟的。教师长期从事教育教学工作，富有实践经验，为其搞科研掌握第一手材料，理论联系实际，创造条件，所以说中学教师开展科研活动天地广阔。当前教育改革的形势需要造就一支有较强能力和较高水平的科研教师群体队伍，这是时代的需要，新课程标准的逐步推广加快了基础教育改革和科研的步伐。

3. 价值意识

开展教育科研有助于提高教师素质和职业价值。现代社会向

传统教育提出挑战，也向教师职业提出了挑战，传统的教师工作是单调重复，创造性低的传授知识的活动。教育改革的趋势，要求教育要为未来社会培养创造性人才。这就对教师职业的素质要求发生了根本性变化。即由传统的单纯学科专业知识的要求，发展为学科专业知识和教育学科专修知识、心理健康辅导、学习方法指导等多方面的要求。要求教师具备新的知识结构和进行创造性教育活动的能力。教师基础知识和专业知识包括学科知识和教育学、心理学知识。教师教育能力也应包括教育能力、科研能力和管理能力三方面：一个教师只有具备这些知识和能力，才能够适应现代教育的要求，创造出理想的教育效果。

从教师职业价值和社会地位来看，多年来，我们只重视寻求通过权威性的宣传，提高教师的物质和精神待遇，从而提高教师职业价值和社会地位。然而却忽视了教师的社会观问题，即教师怎样看待教师这个职业，以怎样的德才学识来创造自身价值。开展教科研活动，可以增强教师的劳动创造性，使教师由"教书匠"式的简单重复性职业劳动转变为创造性教育活动的"教育专家"，从而提高教师的素质和职业价值。

4. 教育能力

首先，开展教育科研有助于教育教学质量的提高。学校通过教育科研为办学注入新的活力，调动教师的工作热情，培养教师的主人翁精神。而教师对教育教学问题的探究，投身于教改事业，必需博采众长、博览群书，利用优秀科研成果去优化教学工作，拓宽思维空间，增强自身的科研意识，提高分析解决教育工作中实际问题的能力及自身的学术水平和理论研究水平。这显然有利于教育教学质量的提高、学校声誉的提高，有利于学校特色的形成。在基础教育改革与发展道路上，不断探索创新，围绕素质教育的轨道，依靠教改实验，从低起点，小坡度开始实行"小题大做"，通过多活动，快反馈，分类指导，逐步达标，多次的教改总结，定能取得丰硕成果。通过发挥学生的主动性，突出学生的主体性，不仅能使学生整体素质得到提高，而且为教学注入了活力，有效地提高了教学质量。其次，开展教育科研有助于调动教师的积极性。教师从事教育科研，展示个人才华，挖掘自身潜能，拓展自身的创造性有益于个性发展。潜心于教育科研，从中可领略到创造的意境，各具特色的学生个体可能因教育实验的

操作变得更鲜明，素质更为全面，这无疑有益于教师独特教育风格的形成。通过科研成果的展示，教师又可获得成功的喜说和创造的乐趣。极大地调动教师的积极性。教师发表论文，它不仅体现学术价值，如成果被他人引用借鉴或付诸实践，而且能体现出社会价值，如提高在同行中及社会上的知名度。

第二节　科研与教学的关系

传说释迦牟尼曾经问弟子，一滴水怎样才能不会干涸？众莫能答。释迦牟尼说，一滴水只有放进大海才不会干涸。同样道理，科研是一滴水，教学是大海。教学是一枝花，全靠科研使它更艳丽持久。

科研与教学，是学校工作最主要的两个方面。两者紧密相连，既有对立的一面也有统一的一面，是一种相互促进的关系。

科研与教学两者之间是存在对立冲突的。首先，从二者所要达到的目的看，教学与科研的直接目的是不同的。科研的目的是创造知识，而教学的主要目的是向学生传授知识。其次，从所要求的个人素质方面看，科研与教学对教师素质的要求也是有区别的。科研注重的素质主要是在创造性思维和智力方面，对于教师的口才和与学生的沟通互动能力的提高相对较差。而教学则不同，教学需要教师具备最基本的职业素养外，还有道德人格等方面的要求。再次，科研与教学工作在一定程度上存在时间冲突。科研工作的周期通常比较长，而教学工作的时间则相对固定和集中，教师进行工作的时候可能会出现精力分散，时间分配不合理的现象。如果一个人教学多了，必然会减少科研方面的精力和时间，从而也就影响到科研的深化和提高；如果科研的时间和精力多了则教学工作也会被影响。

同时，科研和教学两者又存在统一的关系。

首先，从最终目的看是统一的。无论是科研还是教学都是推动社会进步的重要力量，在这方面，二者并没有根本冲突。

其次，从长远和整体影响看，科研和教学也是内在统一的，并且二者是互相帮助、互相提高的关系。科研可以促进教学的发展：一是科研创新教学的内容。教学内容的更新和深化其基础是科研，而非其他。二是科研深化教学的手段和方法。教学手段和方法的创新和深化的基础也是科研。教学在一定程度上也会反作用于科研：一是教学水平的提高可以为未来的科研提供一个好的

人才队伍基础。二是在教学过程中，也有利于科研的进一步深化，因为教学过程，也是一个师生互动和教学相长的过程，同时也是一个知识学习过程。

再次，对同一个人而言，教学是果，科研是根，教学与科研从根本上也是统一的。一个人要想把教学搞好，就得不断研究教学内容和教学手段，否则，教学就是苍白和无力的，而且有可能是误人子弟。所以，要想有丰硕的教学成果是离不开科研的。

由于以上原因，多数教师在进行教育科研与学科教学工作时都存在"两张皮"的现象。并且这一直是教师参与教科研活动的困惑点。如何使教师亲近教科研，使教科研贴近课堂，实现科研、教学的"双赢"？

教学和科研既有对立的一面，也有统一的一面。所以，我们要正确处理两者之间的关系。首先，在具体工作中，应当根据工作的性质和对象不同而有所偏重。对于小学生和中学生的老师而言，应当是教学重于科研。因为对于中小学生而言，重要的是知识的传输，而非创造，这时对老师的要求和评价主要就是要看其教学效果如何；但对大学和一些成人学校的老师而言，应当是科研与教学同等重要。大学生和成人对老师的要求主要是学术水平方面的，相对而言，对老师表述方面的要求相对会弱一些。而学术水平的直接体现就是科研水平。其次还应该根据教学工作与科研工作的自身特性，合理分配精力，提高工作效率，这样就可以减轻自身工作压力，做到教学科研两不误。例如，在没有教学任务时，集中精力进行科研攻关，提出研究思路、技术方案与实施路线，做出科学的研究进度安排，在承担教学任务期间，科研可能处在外协加工或实施阶段（此阶段工作量可能较大，但关键技术问题已经解决），对教师的精力分散不多，这时就可以比较集中精力从事教学工作。

第三节　科研意识培养与素质提高

什么是教育科研意识？从心理学角度讲，意识是一种人脑的机能，是高级神经系统高度发展的表现，是人的心理对现实生活的自觉反映。作为教师来说，教育科研意识就是对教育活动的有意识的追求和探索，是运用教育科学理论指导教育活动的自觉，是对所从事的教育活动的一种清晰而完整的认识。它既表现为行为主体对教育环境的主动适应，也表现为行为主体对教育环境的

积极影响与改造。

　　教师的科研意识之所以在教育活动中显得特别重要，是因为教育乃是一种有目的有计划的培养人才的社会活动。从事这一活动的行为主体就绝不能被动，不能消极，不能盲目，不能随意。中小学教育的育人功能是基础性的，小学生和中学生正处于人的生理和心理剧烈变化的时期，也是最易受到诸方面因素影响的时期。这既是他们身体发育、知识增长、心智发展的关键期，又是他们理想萌发、人生探索的困难期。基于这一特性，中小学教师就更应该具有一份自觉，具有一份清醒，具有一种事业的追求。这些特质就是教育科研意识，也是教师素质的本质特征。

　　而且，教育科研意识也并不是虚玄空泛的，它是由三个要素来涵盖的。那就是教育的信念与热情，教育的知识与经验，教育的眼光与智慧。

　　教育科研意识首先体现为教师对教育事业的一种执着精神。教师只有以献身教育的热情和信念作为支撑物才有可能具备这样的自觉和追求。教授知识、开发心智、启迪心灵是一项最富于创造性的极其复杂的实践活动，也是一项极其艰辛和极需牺牲精神的平凡工作，热情、执着、富有信念便成为从事这一事业所需要的最可贵的品质。教师具有了这些品质，才可能自觉地、有意识地去追求和探索教育活动的底蕴，才可能会有创造性的工作表现。

当然，教育科研意识仅凭热情是不够的，它的产生还需一定的教学实践经验和一定的教育理论基础为先决条件。假如没有一定的教学实践经验的积累，没有一定的教育理论素养，教师就不可能对教育活动会有有意识的自觉的反应，更不可能对教育科研会有卓有成效的追求和探索。

这也因此引出了教育科研意识的第三个要素，即教育科研的眼光和智慧。如果一个教师惯于因循守旧，思想僵化，眼光迟钝，他就不可能产生探索的需要。如果一个教师不富于想象，不具备有创见的灵活的发散思维，不善于寻找有助于提高创造性的场景，不善于发现尚未解决的问题，那他也不可能产生探索的需要。只有思路开阔，眼光敏锐，敢于向假设挑战，具有综合能力和应用系统分析技术能力的教师，才可能具备清醒的教育科研意识。

综上所述，教育科研意识是教师的一种心理素质，是教师的职业理想、职业道德、知识素质、能力个性的综合体现，这与对

教师的素质要求正好是相吻合的。

正由于此，当前提高教师素质的根本要求就应该是培养教师的教育科研意识。教育改革的深入发展，对教师素质的要求仅仅是提高学历已远远不够了。教育理论的更新，教育思潮的涌现，教育改革的深入，都要求教师在更高的层面提高素质，以便更深刻、更全面地认识当今教育的发展，适应教育发展的需要。例如，"素质教育"正作为一种新兴的教育思潮受到了教育界的普遍关注。素质教育是在批判应试教育的基础上产生的，它意在充分发挥教育的发展功能，强调对学生素质的整体发展，从根本上变革传统教育的价值观，重构一个独特的教育内容体系，以达到学生自身素质结构的完善和提高的教育目标。这一思潮在理论上还有待于进一步规范和完善，在内容结构上还有待于进一步探索，在实践上才是刚刚起步。这项改革能否落到实处，关键取决于全体教师的认同程度和实验效果。这也就要求中小学教师对教育活动应多一份清醒，多一份自觉，多一份探索与追求。如果教师缺乏教育科研意识，是难以适应这一改革形势的。

第四节 教师在科研中成长

课程是教育过程的核心因素，是关于教什么的决定因素。教师不仅需要知道教什么，还要知道为什么教。根据社会发展需要、课程发展需要、学生个人发展需要、教师专业发展需要，教师要有衡量和筛选课程内容、课程设计、课程实施的能力。这一切工作，教师都需要有一定的专业能力才能实现，从这个意义上说，教师就是课程。同样的课程，不同的教师去上，就会有不同的效果，就是这个原因。教师在教育教学中的行动，构成了课程体系，教师也就成了课程的核心。教师参与教育科学研究有利于改进教师的教学工作。通过教育科研，教师知道了自己的行为习惯和思想观念，找出自己存在的问题，从而采取行动改进自己的工作。

教师参与研究还可以帮助教师从日常繁杂的教学中脱身出来，在研究中获得理性的升华和情感上的愉悦，提升自己的精神境界和思维品位。正如苏霍姆林斯基所言："如果你想让教师的劳动能够给教师带来乐趣，使天天上课不至于变成一种单调乏味的义务，那你就应当引导每一位教师走上从事研究这条幸福的道

43

路上来"。教师从事研究的最终目的不仅仅只是改进教育实践，还可以在这个过程中重新认识自我，获得一种新的工作学习方式。在这种方式中，教师能够体会到自己存在的价值与意义，真正实现教师专业的自主发展。

那么教师在科研过程是如何成长的呢？

获取新知识。教师作为教育实践中的行动研究者，研究首先是发现行动和行动结果之间的关系和联系，比如教的行动和教的效果，学的行动和学的效果……研究的结果，是获得对其中关系和联系的认识，得到关于自己，关于学生，关于教，关于学，关于教材等方方面面的新知识。这是一个修正和更新、完善和丰富研究者原有认识的过程。在这个过程中，教师作为研究者其原有的知识背景、知识内容和知识结构都将随之而改变，并得以重新建构。

获取实践效果。对教育各种事实和现象之间的联系和关系的深刻洞悉和把握，有利于认识、理解和预测教育实施和现象的发展方向和趋势，从而对其进行更有效的促进和控制。这样，有了前面获得的新知识作为基础，教师作为研究者就有了进行新的实践的可能。在研究过程中教师做事的手段和方式会有新的突破，并由此产生或者获得新的实践结果，这相当于获取一种新的事物。

这种新，是一种推陈出新的新，一种超越既往的新。这种改变、突破和超越是人的"自由自觉的本质力量"的一种实现和体现。这种人的"自由自觉的本质力量"的对象化活动是一种美的创造和展示。《学记》中有句话："学然后知不足，教然后知困。知不足，然后能自反也；知困，然后能自强也。故曰，教学相长。"那么，这对于教师科研来说，教学研究也是这样一对关系。

这是一个重新认识自我的过程。新知识的获得和新的教学实践的实施都意味着一个新的教师的诞生。卡西尔说："人被宣称为应当是不断探究它自身的存在物——一个在他生存的每时每刻都必须查问和审视他的生存状态的存在物。人类生活的真正价值，恰恰就存在于这种审视中，存在于这种对人类生活的批判态度中。"教师进行教育科研过程中最重要的一个任务便是重新认识自我，是一个自我审视的过程。而当下教育科研的很多问题归根结底是研究者对自身研究不够，并不能改变自我的认识。事实上，人类只有面对人自身才能达到对人的理解，只有这样，我们才能对人类也就是我们自身负责。正如某位哲学家所说的那样："研究他自己的意义和实在，研究自己来自何方，走向何方。然而，当他在争取一种新的自我理解时，他也在争取他将来的形

式。"但是，认识自我不单单是一种单纯的理论兴趣、好奇心。我国古代经典中便将此道阐明："格物，致知，诚意，正心，修身，齐家，治国，平天下。""诚意，正心，修身"便是对自身的研究和改变，是"齐家，治国，平天下"的前提和基础。柏拉图在《斐德诺篇》中描写到：苏格拉底路遇斐德诺，和他到伊里苏河边去散步，伊里苏河碧波荡漾，高大的梧桐枝叶葱葱，汩汩的泉水清澈透明，夏天清脆的声音和着蝉的歌唱，苏格拉底看见这美不胜收的自然风光喜不自禁，这使斐德诺非常惊奇。斐德诺说，这是传说中风神博瑞阿斯掠走美丽的希腊公主俄瑞堤娅的地方，问苏格拉底相不相信这个传说。苏格拉底回答道："我没有功夫做这种研究，我现在还不能做到德尔斐神谕所指示的认识你自己。一个人还不能认识自己，就忙着研究一些和他不相干的东西，这在我看来是十分可笑的。"对于苏格拉底来说，"未经审查的人生是不值得过的"。这对于教师自省可以说是振聋发聩的。

教师科研是为了不断更新自己，超越自己，把成果付诸实践，推动教育事业的发展。整个科研的过程是一种升华，是活在"理想"的世界中，向着"可能性"进军的过程，是一种成长的过程。

第三章　教师科研目标的确立

老师在课上给学生讲了一个故事：有三只猎狗追一只老鼠，老鼠钻进了一个树洞。这个树洞只有一个出口，可不一会儿，从树洞里钻出一只兔子。兔子飞快地向前跑，并爬上一棵大树。兔子在树上，仓皇中没站稳，掉了下来，砸晕了正仰头看的三只猎狗，最后，兔子终于逃脱了。

故事讲完后，老师问："这个故事有什么问题吗？"学生回答说："兔子不会爬树。"，"一只兔子不可能同时砸晕三只猎狗。"

"还有呢？"老师继续问。直到学生再找不出问题了，老师才说："可是还有一个问题，你们都没有提到，老鼠哪里去了？"

在追求人生目标的过程中，我们有时也会被途中的细枝末节和一些毫无意义的琐事分散精力，扰乱视线，以至中途停顿下来，或是走上岔路，而放弃了自己原先追求的目标。不要忘了时

47

刻提醒自己，老鼠哪去了？自己心目中的目标哪去了？正像教师课堂教学一样，每节课下来，学生是否获利了、受益了？课堂教学中的目标那里去了？自己的科研目标是否有所改变？

目标往往指期望达到的一种标准或者获取一种成果，同时也是对未来的规划设计。教师进行教育科研的根本目的就是为了通过教育科研提高自身的业务素质，进而提高和改进教育教学的质量，这可以说是教师科研的长期目标。

有了目标就有了科研的方向。教师在进行教育科研之初，要先确定自己科研方向的总目标，这就明确了科研的基本方向和宗旨。当然这个总目标可以是学校或者科研课题小组确定的目标，也可以是教师个体确立的目标。在此基础上，将总目标层层分解，使之进一步具体化、量化，落实到科研的整个过程当中，形成一个个短期目标和具体目标。

教师在确立科研目标时，不能急功近利，好高骛远，要立足于自身科研现状和教学实践，综合自身特点专长、兴趣爱好、主攻方向等来确立科研目标。并通过个人目标来实现自身价值，促进教师自身专业成长。

第一节　树立科研目标意识

一位哲人曾经说过："人生最大的悲剧莫过于，人们穷尽一生的时间，努力去攀登成功的梯子，当爬到梯子顶部时，才猛然发现，这个梯子靠在了一个错误的建筑上。"的确，倘若目标错了，那么无论在梯子上攀登得多快，攀登得多高，哪怕是第一个到达目的地也毫无价值。

美国耶鲁大学进行过一次跨度 20 年的跟踪调查。最早，这个大学的研究人员对参加调查的学生们提了一个问题："你们有目标吗？"90％的学生回答说有。研究人员又问："如果你们有了目标，那么，是否把它写下来呢？"这时，只有 4％的学生回答说："写下来了。"

20 年后，耶鲁大学的研究人员跟踪当年参加调查的学生们。结果发现，那些有目标并且用白纸黑字写下来的学生，无论是事业发展还是生活水平，都远远超过了另外的没有这样做的学生。他们创造的价值超过余下的 96％的学生的总和。那么，那 96％的学生今天在干什么呢？研究人员调查发现：这些人忙忙碌碌，

一辈子都在直接或间接地帮助那4%的人在实现他们的理想呢。

目标是行动的指导。教师开展有效的科研活动，必须具备目标意识。洛克（E. A. Lock）等人研究指出，外来的刺激如奖励、工作反馈和监督压力都通过目标影响个体的动机，并认为"目标是人类行为直接的调节者"。目标是指超越于事物现实客观状态的预设，是期望的具体化，它体现人的期望心理，领引人的行为走向。美国戴维·坎贝尔说过："目标之所以有用，是因为它能帮助我们从现在走向未来"。可见，教师只有树立教育科研的目标，才会激励自己去努力奋斗，并积极创造条件，实现目标。

事实上，教师的科研目标是一内涵十分丰富的概念，但我们这里所倡导的"科研目标"是指教师对科研活动成果的一种展望，是指教师自身开展科研活动的一种观测、评价与构建，强调教师的自我履行与行动导向以及研究内容的具体落实和成果达成度。因此，这里所指的科研目标具有针对性、绩效性、个人性和发展性等特点。

世界110米栏冠军刘翔在自传《我叫刘翔》一书中写道："我心里始终为自己制定有一个赶超目标，一个目标接着一个目标往前超越。"教师在树立目标意识的过程便是一个个目标的建立的过程。那么教师应如何来树立这些目标呢？

1. 制定个人发展目标。包括个人基本情况分析、现状分析、发展目标、具体措施等。以学生个人的发展，作为自己教学的最终目标和科研目的。教师自行制定发展目标和行动计划，可以使教师冷静地认识自己，同时有助于教师在选择适合自己的科研课题和研究方向。

2. 跟随学校目标。在学校中，各类科研小组一般都会有一年之内的目标。制定目标是培育集体智慧的过程，实现目标的过程是展示集体智慧的过程，更是各位教研组成员成长的过程。制定教研组的发展规划，通常要经过以下几个环节：教研组长起草—备课组长修改、提建议—发动全组教师积极参与修订—召开全组教师会议，形成完整的发展目标。这样做，使每一位成员都具有清晰的工作思路，掌握有计划行事的工作能力，有利于科研工作的展开。

3. 树立自我科研目标。科研小组制定的科研目标往往是一个课题的长期研究目标或最终目标。科研工作分配到每个人身上，由于研究内容不同，其短期的目标实现也就有所不同。这就

需要教师根据研究的具体情况来制定短期目标、中期目标和长期目标。若教师单独进行某一个课题研究更需要树立这样的科研目标。

教师科研活动是一个个目标实现的过程。在科研过程中需要不断地投入人的精力（如时间）、财力（如经费）和物力（如购书）等，而且其成果的产生一般经历"准备（问题信息的收集）、酝酿（观点的提炼与创新）和豁然开朗（资料的整理与报告的撰写）"等过程。因此，教育科研是一个不断学习与研究并克服诸多困难的过程。如果教师没有对科研活动的正确认识与较高的评价，其目标的实现便会产生阻碍，导致研究中断。因此，教师在进行教育科研时还要对教育科研活动有正确的认识，提高自身的期望值。

一个清晰而具体的科研目标，往往会使教师产生使命感，引起对有关任务的关注，远离与目标无关的活动，提高自我行为的控制水平，从而激发自身开展研究行为；同时，目标也能引导教师面对困难和阻碍积极寻找达到目标的有效策略和解决方案，当目标实现时，会产生成就感，并对将来的科研动机产生积极的情感。这正如班杜拉所说那样："相当容易的目标不足以引起很大的兴趣和努力；适当困难程度的目标可以维持高度的努力和通过该目标成就产生满足感。"因此，要增强教师参与科研活动的自觉性与积极性，就要关注教师确立科研目标。

（附）崇明县青少年活动中心教育科研三年发展目标

（一）总体目标

加强教育科研理论学习，规范教育科研日常管理，落实教育科研具体措施，提高教师教育科研水平；使每个教师主动适应教改发展，具有较强的教科研意识，以科研促质量，以科研促发展；力争用三年的时间，中心的教科研水平达到较高水平。

（二）分年度目标实施内容及达成标志

1. 第一阶段（2003 年 9 月—2004 年 8 月）：

（1）加强教科研队伍建设。成立教科室，配备教科室主任，做好日常工作的组织、管理和督促、检查，保证教科研工作的正常开展。

（2）制订教科研管理章程。通过建章立制和奖惩激励措施的制定，激发教师的教科研热情，也使教科研工作管理规范化。

（3）加强课题的过程管理。认真做好县级课题的申报，指导教师中心级课题的申报立项，定期进行课题研讨，确保课题按进

度实施；做好课题资料的积累和收集整理工作。

（4）提高教师的科研意识。加强科研理论学习，提高教师科研意识。结合校本培训，邀请专家作教科研专题讲座；每个教师自学 1 - 2 本教育专著。

（5）教科研工作有实质性启动。确定好中心的发展课题，并作为县级课题申报；县、中心骨干教师均有自己的课题；45 岁以下的教师两年内须参与或承担一项科研课题；有 3 - 5 篇论文在县级以上刊物发表交流。

达成标志：健全规范组织管理，县、中心骨干教师均有自己的课题，并有一定数量的论文在县级以上刊物发表。

2. 第二阶段（2004 年 9 月—2005 年 8 月）：

（1）培养一支科研骨干队伍。以中青年教师为主体，积极创造条件提高科研业务能力，形成一支 5 - 6 人的科研骨干力量，以点带面，推进中心的科研发展。

（2）完善教育科研管理。形成教科研研讨制度，抓好课题的中期检查，指导教师做好课题的结题工作。

（3）提高教师的科研能力。通过自培、它培及其他各种形式，提高教师的科研理论水平和实践能力，使教师爱学习、善思考、勤钻研，朝着学者型、探究型、专家型方向发展。

（4）具有一定的教科研质量。中青年教师能围绕中心的总课题独立或合作设计子课题并进行研究；县、中心级骨干教师有自己的教科研成果；再申报县级课题一个；有 4－6 篇论文能在县级以上刊物发表交流；组织中心教科研论文评奖。

达成标志：形成一支科研骨干队伍，县、中心级骨干教师有自己的科研成果，并在县级以上刊物发表。

3. 第三阶段（2005 年 9 月－2006 年 8 月）：

（1）具有浓厚的教科研氛围。教师的教科研积极性高涨，以科研促质量、促发展已成为中心的共识，教科研工作已成为中心持续发展的重要抓手。

（2）教学方法有新的突破。科技、艺术的教育教学方法、模式有新的突破，教育质量提高，教育效果明显。

（3）教师的教科研能力不断提高。骨干教师能独立承担县级以上课题，中青年教师均有自己独立研究的课题。

（4）具有较高的教科研质量。中心已具有申报和完成市级课题的能力；组织教师参加第九届教科研论文评奖；有论文在市级以上刊物发表交流；汇编中心教科研论文集。

达成标志：科技、艺术教学方法、模式有新的突破，中青年教师均有自己独立研究的课题；中心具有申报、完成市级课题的能力。

【注】本文资料来自崇明县青少年活动中心网站

第二节　科研方向及选题的定位

李大钊曾经说过这样一句话："青年呵！你们临开始活动之前，应该定定方向。譬如航海远行的人，必先定一个目的地，中途的指针，只是指着这个方向走，才能有达到目的地的一天。若是方向不定，随风飘转，恐永无达到的日子。"方向在人的一生中起到很大的作用，选对了方向便会收到事半功倍的效果，方向错了，即使坚持下去，换来的依然会是个错误的结果。

所以，无论做什么，我们都要先给自己定好方向。教师进行教育科学研究也同样需要一个明确的方向来指导。

多年以来教师在评职称、晋级甚至评优中，其中很重要的一个条件就是教科研能力。教科研能力怎么体现？一是看你发表了多少文章、什么级别的，二是看你主持了哪一级的科研课题。比如说，有一年山东省评选首届齐鲁名师，其中有一个条件就是"承担过省（部）级以上教育教学科研课题研究，通过了专家鉴定，取得较高水平的研究成果，本人研究成果对全省教育教学改革有一定的推动作用；发表过有较高价值的教育教学论文，出版过具有一定学术价值的著作"。或者是"独立承担过省（部）级以上（含教育科学规划办、社科规划办、教育行政部门立项的）科研课题，并通过专家鉴定，研究成果具有较大应用价值"，原计划评出 100 名齐鲁名师，结果最后只评出了 63 名。原因当然是多方面的，但其中很重要的一项就是有的单位上报的人选中没有主持过课题研究、没有任何论文发表，这样的选手大多落选了。平时很多老师也是，只有到了即将评职称的时候才匆匆忙忙炮制出一篇论文充数。为什么出现这种情况，除了对教科研的认识偏差和环境条件等因素外，还有很重要的一方面，就是很多老师说：不知道该研究什么，怎样选题，找不到方向。

科研中的方向在哪里？问题即是方向。找到了问题，自然就明确了研究的方向。

曾经有位教师做过这样一个现场的问题调查：你认为我们当前教育教学的主要问题是什么？你在教育教学中遇到的主要问题

是什么？

　　结果很多老师填写的问题都太大、太空，根本就不是教师自身教育教学中的实际问题，比如：义务教育的实施问题，农村孩子的教育问题，学生的主体性和教师主导性关系问题，教师角色应该怎样转化，素质教育与应试教育的矛盾怎样解决，等等。这些都是教育部乃至全社会要研究解决的宏观的、政策性问题，恰恰都是我们国家新课程改革要解决的或者整个教育界已经提出、正在研究的问题。相对于普通中小学校教师来说，这些问题不是他们所能解决的，所以，就感到束手无策了。

　　对于第二个问题，大多数教师填写答案基本上是自己实际教学过程中出现的问题，但大多数都没有新意，几乎是老调重弹，缺乏一定的针对性。比如：每个班级的差生如何向成绩优秀的学生转化？还有比较年轻的教师提出，上课的时候总是有学生在下面说话，或者跟教师唱反调，课堂纪律混乱，该如何控制？怎样进行因材施教？布置的作业学生不完成怎么办？……这些问题都是多少年来在教育教学中一直存在的问题，因为任何时候都会有差生，只要有考试，就必然会出现成绩差的学生。即使把所有的优秀学生集中在一起，他们之中还会有差生。课堂纪律这个问题恐怕在教学刚兴起这个问题就出现了。教师能力不同，课堂组织能力必然也不同，教学经验丰富，教学组织能力强的教师其课堂纪律必然能得到很好的控制，反之则不能。

为什么老师们会出现以上情况呢？苦于找不到课题，或者不会选题？事实上很多老师不是在自己的教育教学实践中选题，而是习惯了从上级领导所给的诸多选题方向或者指南中选题，选来选去离自己的教学实际太远，难以研究。实际上这是在研究别人给出的问题，不是自己的问题。同时，很少能够发现自己教育教学中到底存在着什么问题，很多稍纵即逝的问题没有抓住，缺乏一个明确的目标意识。所以，教师在进行教育科研一开始，就要根据自身的教学实践情况来确定科研方向和科研选题。比如：语文老师感到学生作文速度太慢就研究怎样提高作文速度，如何进行快速作文；物理教师感到实验教学中的实验材料缺乏就可以研究怎样因地制宜利用代用品进行实验……甚至具体到某一个细节的问题都可以研究。

教师在科研方向和课题选择的基本原则主要有以下几个方面：

1. 需要性原则

需要性原则也叫价值性原则，这是选择研究课题的一条首要的、基本的原则。这里所说的"需要性"，是指选择的研究问题要面向教育实践的需要，面向教育科学自身发展的需要。也就是说，要考虑研究的问题是否具有实践的理论的意义。

教育中不是所有的问题都值得研究的。有些问题就其性质而论是哲学上的，可以讨论但不可能研究。例如有这样一个问题："高中历史是开一门课还是两门课？"如果要求的是两门课，那么学生将学更多的历史知识，但开两门课是否必要，对这个问题的回答依不同价值判断而定。如果没有一定的条件为前提，这个问题就不值得研究。

2. 科学性原则

科学性原则所强调的是，选题要以唯物主义基本原理为指南，以科学实践反复证实的客观规律为基础。如果选题违背了这一原则，研究就会陷入非科学或伪科学的歧途，使研究一无所获。

3. 创新性原则

创新是科学研究的灵魂，它体现了科学研究的价值之所在。一项研究应该达到或在理论上有所发展，有所突破，或在应用上有所改进，有所创新。这就要求我们在选题时不要往人堆里钻，不要像现在这样，会写的、不会写的，都一窝蜂地去写"素质教育"。在研究的时候，不妨去钻钻"冷门"。

"道前人所未道"、"作前人所未作"的问题当然具有创造性，但纯粹的"空白点"其实并不是很多，只要认真去做，老问题同样可以做出创造性的成果。

创新的"新"不外乎三个方面：新观点，新方法，新材料。

4. 可行性原则

就是要根据实际具备的和经过努力可以具备的条件去选择研究课题，对完成研究所需要的主观客观条件尽可能充分地估计到。

客观条件——必要的资料、设备、时间、经费、理论准备和科学上的可能性。有的选题看起来很好，但由于不符合实际，也就没有实现的可能。

主观条件——研究者本人原有知识、能力、基础、经验、本职工作性质和环境、所掌握的材料以及对此课题的兴趣。要权衡自己的条件寻找结合点，选择能够发挥自己优势特长的课题。擅长实践操作，就不一定非要选理论研究课题；反之，擅长理论思维，就不一定非要选择实验研究课题。具有多向性、逆向性、求异性思维的研究者，做探索性的课题较为合适；而习惯于从事实出发思考问题的人，易在应用性课题上取得成就。

下面是一位教师在科研定位方面的心得：

什么样的研究才是中小学教师所需要的研究？什么样的研究才是属于或者说适宜于中小学教师的研究？对这一问题的回答，直接涉及中小学教师教育科研的指向，关系中小学教师教育科研的功能和定位。在实践中，对这一问题的回答不同，采用的研究方式以及研究所能达到的效果常常大相径庭。

我曾有幸接触过四位中小学教师的科研论作，大体体现了四种不同的研究取向。第一位教师在中学工作，积十年之功，撰写了一部《素质教育原理》，在与我的联系和沟通中，谈到自己的这部著作有着十大理论突破，如对素质教育与全面发展教育关系的认识、素质教育含义的分析、素质教育的历史发展轨迹等，可以说在这部近20万字的著述中探讨了素质教育的一系列理论问题。第二位教师撰写的是一篇关于学习方法方面的论文，他首先详尽论述了美国心理学家加涅的学习理论，介绍加涅的学习理论是如何博采行为主义、格式塔心理学、人本主义与控制论等众家之长，从各流派中汲取所需要的成分并把它们融合进自己的理论中去的以及加涅的基本学习主张。然后再叙述自己在此基础上形成的关于学生学习的基本观点，在课堂教学过程中引导学生掌握的学习方法。洋洋洒洒，不下万言。第三位教师写的是一篇名为《把握时代精神，开展主体教育》的文章。文章谈到自己在教学工作中的一些"有益的尝试"：弘扬人的主体性，唤起人的主体意识；改革优化课程体系；改进教学组织形式；改进教学方法与模式等。第四位教师积累了大量的教学反思笔记，汇总了一系列教育教学案例，并且在此基础上形成了自己对教育教学实践的感悟、领悟。在实践中，她始终在思考着这样的问题：如何使自己的教育教学变得更贴近学生的需求，更接近新课程的要求。在上过一堂听说训练课《做书签》后，她记录下自己对这堂课的反思："从这堂课暴露出来的问题看，其他一些方法可能会更好地达到教学的预期要求。比如：让先做好书签的同学和尚未做好的

同学进行组合，组成学习小组，互相帮助。这样既能让动作慢的同学也能体验到做书签的整个过程，又能节省不少时间，使后来'说'的环节开展得更充分，更好地完成本节课说话训练的任务，同时也能培养学生间的合作精神……"类似的反思与案例不一而足。

第一位教师的研究在一定程度上是基础研究，目的在于探索新知识、发现新规律、说明新关系。这种研究似乎更多地属于专业研究者的"专利"，虽然中小学教师也可介入这种研究之中，但常常会因为占有资料、研究时间、思维能力等方面的限制而事倍功半，并且这种研究是外在于中小学教师的，中小学教师做这种研究需要"另起炉灶"，与自己的日常教学实践并不见得有什么必然性的联系。从这位教师提供的这本著作来看，他自认为是理论突破的内容，很大程度上在学术界已经耳熟能详了；他自认为新颖的创造，很大程度上在学术界已经成为老生常谈了。

第二位教师的研究大体上属于应用研究。应用研究旨在将基础研究的成果应用于教育实践，其实这预先隐藏着一个假设，即基础研究的成果都是有效的，都是可以付诸实施的。这样一来，就有意无意地赋予了基础研究以绝对的权威。同时，在应用研究中，专业研究者与中小学教师是相互分离的，分属于不同的领域，有着明确的分工。专业研究者专事研究，中小学教师则负责将研究成果付诸实施。也许并不是有意识地造成了这样的一个事实，中小学教师的行动，特别是改进教育教学工作的措施，为专业研究者一相情愿地决定，专业研究者无意识地被凌驾于中小学教师之上。

第三位教师的研究似乎看上去是经验总结与概括，但又不具备经验总结那种针对性强、经验介绍详尽、问题具体明确等特点，所以只能说是一种"抽象的"经验总结。这种研究没有了第一位教师那种就理论而理论的玄妙说理，没有了第二位教师那种依循既定理论给理论做实践注脚，但是也没有形成对自身实践的独到透视，还是停留在一般的、抽象的层面上分析问题，缺乏对具体问题的关照、具体情景的省察、具体实践的反思，从总体上仍旧是"用自己的嘴巴说别人的语言"。

相比之下，第四位教师的研究更为可取，很大程度上是教师应该在实践中采用的研究类型。她把自己的教育教学活动作为研究对象，持续不断地对教育和教学行为进行反思，从而汇总着自己的教育智慧，提升着自己的教育教学水平。这种研究至少在两

个方面与前三者不同：第一，研究的问题是产生于实际的工作情境之中的，并且研究的进程是从实际情境出发，根据实际情境的需要随时检讨、不断修正的。第二，研究的是教师对自身实践所进行的有意识的、系统的、持续不断的探究反思，它在突出教师实践的"研究"特征的同时，也凸现了教师作为研究者的角色。研究过程中自始至终都贯穿着对教师自我反思的要求。这种自我反思，对于教师个人而言，是一种学习过程，对于教育实践而言，是针对情境问题即时找到解决方案的有效途径。

第四位教师所做的研究，也就是中小学需要大力推进和开展的行动研究了。总体而言，这种研究有着区别于其他研究的一些特点：

其一，以提高行动质量、解决实际问题为首要目标。

行动研究关注的不是学科中的"纯理论研究者认定的'理论'问题"，而是中小学教师们日常遇到的和亟待解决的实践问题。所以行动研究不囿于某一学科的主张或某一种理论知识，而主动容纳和利用各种有利于解决实际问题、提高行动质量的经验、知识、方法、技术和理论，特别重视实际工作者对实践问题的认识、感受和经验。这正如同西方一些学者所指出的，"行动研究的目的在于透过科学方法的应用，以解决课堂内的问题。它关注的是特定情境中特定的问题，不重视研究结果是否可以类推到其他不同情境；也不强调研究变量的控制及操作的问题。行动研究主要在于解决特定问题，不论研究场所是否在一个教室还是多个教室，教师始终是行动研究的主要研究者。行动研究的价值虽然对推动科学进步助益不大，但是其解决问题以及应用的即时性，对于解决教育实际问题提供了一种有效而科学的方法"。

行动研究把解决问题放在第一位，并不等于行动研究无助于也不关心"一般知识"和"理论"的发现、产生。它只是更强调从具体、特殊到一般和普遍；更强调将已有的理论和知识体现在从抽象到具体的过程中；更强调渗透在行动计划的经验和理论都需受实践的检验、修正、补充甚至证伪；更强调知识和理论说到底还是来源于实践，并在实践中体现其有效性和真理性。

其二，以研究过程与行动过程的结合为主要表现形式。

长期以来，由于社会分工的影响；教育科学研究已渐渐蜕变为一群特定的人所从事的特定的事情，一种与实际生活毫不相干的"学术游戏"，教育科学研究与实际生活脱离，研究者与实际工作者脱离，已经成为教育科学研究中的一大痼疾。行动研究则

通过要求实际工作者系统地反思或与他人共同研究自己的工作过程、环境和问题，通过要求专业研究者深入现场，直接参与从计划到评价实际工作的过程，与实际工作者一起研究他们面临的问题，使实际工作过程本身变成一个研究过程，使研究过程又变成一个理智的工作过程。这样，行动研究就在解决问题的过程中，为研究者和实践者共同参与研究和工作，为研究者和实际工作者的结合提供了结合点，或者说提供了一个共同活动的行动"场地"。这种研究活动间的结合和合作，一方面指中小学教师可以从专业研究者那里获得必要的研究技能，改变对教育教学的职业感情；另一方面专业研究者既可从真实的教育情景中获得第一手教学改革信息，又可以通过合作而使自己的理论研究成果更容易为中小学教师接受，较快地应用于教育改革实践。

其三，以教师对自己从事的实际工作进行持续反思为基本手段。

从行动研究的立场来看，中小学教师作为研究者参与研究是完全可能的，因为教师在教育教学实践当中，有明确的实践目的、责任，能够体察实践活动的背景以及有关现象的种种变化，能够通过实践检验理论、方案、计划的有效性和现实性。他们对实际问题具有"局外人"——专业研究人员所难以替代的认识作用，并且教育活动目的的达成程度、实际工作的效率虽然不完全取决于教师对教学计划、环境和行动的理解，但是总也离不开他们对教学实践及其蕴涵问题的理解。教师参与研究、从事研究，以教育教学实践中的问题作为研究的出发点，实践者同时也是研究者，研究结论同时也是下一步所要采取的实践措施，由于在这个过程中研究主体与实践主体紧密联系乃至同一，研究与实践也就达到了新的高度的统一。行动研究使教师的研究比日常行为具有更严格的程序，从而使教师的行动建立在一个合理的基础上，确保实践得到提高。

【注】本文资料引自《人民教育》2004 年第 2 期 作者：华东师范大学郑金洲。

第三节 明确研究对象

研究首先要明确研究对象。任何研究领域都有自己特殊的对象，教师教育的对象是学生，教育的内容是教材，教育的目标是教会学生学会学习、学会做人。因此，教育研究的对象是教育存

在和人的学习，教育存在包括教育现象、教育过程和教育理论。人的学习，一般来说主要是指学生、学校、教师等。

教师都要进行教育科学研究，这是我们近乎几年形成的共识，并有一些政策和措施予以保证。一说到教育研究，长期以来，人们总是认为，就是对教育现象的研究：而进行教育现象研究，又总是认为要通过课题研究撰写"上升到理论"的论文（研究报告等）。因而自然地得到这样的结论：每一个教师都要进行教育科研，就是每一个教师都要进行教育现象研究，都要撰写"上升到理论"的论文。

苏霍姆林斯基说："教育，就其广义是理解来说，就是一个受教育者和教育者都在精神上不断地丰富和更新的多方面的过程。同时，这个过程的特点是，各种现象具有深刻的个体性：某一条教育真理，在第一种情况下是正确的，在第二种情况下是无用的，在第三种情况下就是荒谬的了。"

教师教育科研不仅要研究教育现象，还要研究教育存在，根据对教育存在的认识，来研究"人的学习"。

对于大部分中小学教师来说，最主要的或最基本的，应该是教育具体对象研究，比如，学生、教材、课堂教学等，是理论

"以人为本"的研究活动，是理论（"被教育科学解决了的问题"）应用于教育对象的研究，而不是"进行那种通过大量事实而做出科学概括的研究工作"——教育现象研究。而对于一些教育科研工作者来说，则需要对教育存在中具体教育现象在进行深入的研究。因此，教师进行教育科研最重要的是要明确自己的研究范围，以此来确定自己的研究对象。

在教育对象中，我们所要研究的每一个群体有时叫做研究总体，在进行一个课题的研究时，我们首先要进行研究样本的选取（抽取），但是，教师进行教育科研时要根据自己确立的科研目标来明确具体的研究对象，选取样本。

选取一个样本一般它应该满足一定的条件：

①所选取的样本应该是具有代表性。如果没有一定的代表性，那么所研究出来的结论就没有普遍性的意义，成果也就没有推广价值。

②所选取的样本必须满足统计学的条件和要求。也就是所选取的样本容量要达到一定的数目要求。

③在可能的情况下，研究对象应该尽可能地随机抽取，这样可以增加研究成果的普遍性和科学性。

那么，教师在科研过程中，学生、学校、教师等等都可以成为科研对象。研究对象的确定也就决定了研究任务以及此后研究过程中科研方法的运用。可以说，明确研究对象是整个教师教育科研的基础。所以，教师在科研工作最初，除了要明确科研目标的同时还要明确具体的研究对象。

（附）教育研究对象案例

刘某，三年级的学生，是刚转进来的，第一天就有人频频来报告："老师某某人打我。"问他们原因，好像没有什么大事，就是玩玩就打了，于是我就找他教育了一番，可是接下来天天都是这样，难道是他就是有这个爱好？喜欢打人？怎么办呢？于是我找来了他的父母，了解一些情况令我惊讶的是，他父母告诉我："老师，孩子不乖，你打好了，他就是这样，我们没有办法，只能打。"看着他们，我想孩子喜好打人的毛病要改掉，还要连同他的父母的这种错误的想法一起改掉，其实这个孩子一点也不笨，脑子还挺聪明的，就是喜欢打人，于是我的心里就暗下决心，一定要改掉这毛病。

案例分析：

从上述案例介绍可以看出，这位同学有喜好打人的坏习惯，只要他有空，他就会找任何理由，任何方法，随时随地打人，我想：或许他有一点攻击性的行为。所谓攻击性行为就是指因为欲望得不到满足，采取有害于他人、毁坏物品的行为。儿童攻击性行为常表现为：

（一）好胜心强，喜欢与人争执。这类孩子见不得别人比自己强，事事好与人争第一，一旦同学在某个方面超过自己他就会表现出反常行为，与人争执、打斗，发泄内心的不满。

（二）爱惹事，自控力差。这类孩子平时管不住自己的手脚，言行举止不分时间、场合，课堂上坐不住，爱惹是生非，影响其他同学，课间常因自控力差而与同学发生摩擦，导致出现攻击性行为。

（三）情绪不稳定，好冲动，时常乱发脾气。这类孩子往往在家中娇生惯养，家长拿他没办法，稍有不顺，便要性子，自我中心意识强，容不得别人的批评。

综上所述，可以判断他还不具有攻击性行为，而是一般的打闹行为，是可以逐步改变的，能够改好的。

教育方式：

针对此生的行为特点，需要老师和家长对他进行共同矫治，

方法如下：

1. 我作为老师，不能讨厌、歧视这个学生，要多关心，多理解，使其感到温暖而有触动，有悔意，为教育引导打下基础。

2. 通过调查，我认为他的行为形成的原因之一应该是家庭不良的教育因素影响。针对他的情况，我实施了一些干预措施。首先改变其家庭教育环境。我同他父母进行了一次诚恳的谈心。通过谈话使他们明白，孩子的成长离不开良好的家庭教育。要求他的父母多抽一些时间来关心他的学习和生活。当孩子有错时，应耐心开导，而不应辱骂、踢打的教育方式。

3. 利用集体的力量影响他，使其养成良好的行为习惯。他打人，被扣分了，我告诉他，他的行为影响了全班的荣誉，也让他明白，要不打骂，与同学团结友好的相处，同时我也让全班同学都关心他，安排最好的学生与他同坐，一有进步就表扬，使他对自己有自信心，使他在大家的善意帮助下，在众多的榜样示范下，逐步向好的方面发展。

4. 发挥孩子的长处，改善孩子的打人毛病。经过多次观察，我发现孩子写作业的速度很快，而且还比较喜欢帮助周边的同学，于是，我就看好了孩子的这优点，鼓励孩子，让孩子写好作业后去帮助班级中需要帮助的同学，这样孩子有了事干，就慢慢地忘记了打人，班中的同学看见孩子的优点，也渐渐忘记了孩子打人的缺点，与孩子交朋友，一起玩了。

案例反思

外国一位哲学家曾有一个木桶理论，用长短不一的木板箍成一个木桶，当你倒进水后，水会从最短的木板处流出来。中国也有一句话"人生十指有长短，一母同胞有愚贤"。是呀，一个班级中总有这样那样的人，只有我们认真对待每一个学生，认真关心每一个孩子，相信任何问题都是有解决的方法的，上述案例中的孩子，经过我的努力，以及他父母的帮助，终于从一个问题孩子变成了老师的小帮手，学生的学习榜样，虽然他偶尔还要"手痒"，但是他的不断进步让人欣慰。

【注】本文资料来自 MBA 资源网　教育案例分析

第四章　教育科研方法的选择

　　有一只乌鸦不好看，但特别聪明，智慧过人。一天，它干完活又累又渴，很想喝水。忽然，它看一只大水罐，满心欢喜。它飞到水罐旁，一看罐里的水不多了，嘴探进去也喝不到，怎么办呢？它使劲地用身体撞水罐，又用翅膀推水罐，想把水罐弄倒，好喝水。可是水罐又大又重，它的力量太小了，弄不倒这罐子。忽然，它急中生智，可以叼些石子放到罐里，石子多了，罐子里的水不就升高了吗？这么想，就这么做了，它不厌其烦地一块一块地用嘴叼石子，功夫不负用功的乌鸦，终于放了很多石子，水位上升了，它就喝到了水。它痛痛快快地喝了个够，解了渴。

　　关于乌鸦喝水的故事，相信很多人都非常熟悉。乌鸦之所以能够喝到水，是因为它懂得如何运用方法来达到喝水的目的。一种方法不行，就换另外一种。教师如何做好教育科学研究，在很大程度上依赖于方法的运用。一种有效的科研方法不仅可以缩短科研的时间、精力，而且还会收到理想的效果。

教育的改革与发展，必须建立在教育科学研究的基础上，而教育研究水平的高低又主要决定于研究方法和科学方法论的水平。因此，教师在进行科研的过程中不能一味地根据自己的习惯方法进行研究，在进行科研的同时还要注意科研方法的运用，并不断学习掌握教育科学研究的理论与方法。这对于提高研究者的素质与研究水平，正确深入地认识教育规律，发展完善教育科学的理论体系，促进教育理论在教育实践中的应用以改进教学质量，都有着十分重要的理论与实践意义。

第一节　观察法

有一本书叫《我生活在黑猩猩中间》，作者珍·古德。这位女科学家花了 30 多年在非洲丛林里与黑猩猩为伍，研究黑猩猩的行为模式，成果引起全世界的关注。

在弗洛伊德以前，人们认为只有妇女才得歇斯底里（就是我们所说的癔病），歇斯底里译成中文意思是什么呢？就是"子宫

下垂"，当时以为"子宫下垂"导致了歇斯底里的发生。后来弗洛伊德发现到这病男性也得，显然"子宫下垂"不是该病的发病诱因，弗洛伊德又做了大量的观察，研究和发展了精神疾病的诊断系统。

前苏联著名教育家苏霍姆林斯基曾先后作了 3700 名学生的观察记录，为研究学生积累了大量的第一手资料，所以苏霍姆林斯基的著作读起来非常亲切，绝无枯燥之感。

珍·古德、弗洛伊德、苏霍姆林斯基在各自的领域取得了非凡的成绩，他们采用的主要方法就是——观察法。

观察法是教育科学研究广泛使用的一种方法。观察法是客观、全面地了解教育现象，深入了解教育对象，发现问题的重要手段；是制定正确措施和方法，提高教育质量的前提；是进一步认识教育现象之间的内在联系，把握其本质属性，探索新的教育规律的重要方法。

研究者按照一定的目的和计划，在自然条件下，对研究对象进行系统的连续的观察，并作出准确、具体和详尽的记录，以便全面而正确地掌握所要研究的情况。观察法不限于肉眼观察、耳听手记，还可以利用视听工具，如录音机、录像机、电影机等作为手段。

观察法根据观察目的、内容、方式和手段等的不同而分为不同的类型。了解观察法的不同类型，是为了在研究中根据实际情况灵活运用和掌握。

（一）按观察的环境分：自然观察法和实验观察法

1. 自然观察法

就是所要求的环境在自然状态下，作为研究者对观察对象不施加任何控制变量。可以看出运用自然法，观察者能收集到客观真实的材料，但这些材料往往是观察对象的外部行为表现。

2. 实验观察法

是在人工控制的环境中进行系统观察的方法。特点是要求对被观察者行为表现的一个或更多的因素进行控制，从而发现这些影响因素与被观察者的行为表现之间是否存在因果关系。

1954 年，加拿大一所大学的心理学家进行了一个实验：给被试验者戴上半透明的护目镜，使其难以产生视觉；用一装置发出的单调声音限制其听觉；手臂戴上纸筒套袖和手套，腿脚用夹板固定，限制其触觉。让被试验者单独呆在实验室里，观察反应变

化。几小时后被试验者开始感到恐慌，进而产生幻觉，在实验室连续呆了三四天后，被试验者会产生许多病理心理现象：出现错觉；注意力涣散，思维迟钝；紧张、焦虑、恐惧等，实验后需数日方能恢复正常。这就是有名的"感觉剥夺"实验。这个实验采用的就是实验观察法，对被实验视觉、听觉、触觉施加控制因素，然后观察被试验者的反应变化。

比较两种方法，我们会发现自然观察能搜集到研究对象在日常生活中的真实、典型的行为表现，但研究者处于被动，难以揭示那些较少在自然状态下表现出来的心理特点；实验观察能使研究者获得更全面、更精确、更深入的事实和资料，但要求较高，难度较大。

（二）按观察者是否直接参与观察对象正在进行的活动分：参与性观察与非参与性观察

1. 参与性观察

这是英国的一位人类学家提出来的。就是观察者参与到观察对象的活动之中，通过与观察对象共同进行的活动从内部进行观察。观察者成了被观察者所接纳的成员。云南有个母系氏族地区——泸沽湖，云南省民族研究所的研究人员每年定期去当地考查研究，与当地人建立了良好的关系，像走亲戚一样，完全融入当地人的生活之中。在教育教学当中，如果对某校师生关系做观察，研究者以新教师的身份融入其中呢？还是以上级部门领导的身份进行听听课，座谈，效果更好呢，显然以新教师身份融入师生之间，采用参与性观察更能获得真实信息。

2. 非参与性观察

观察者不参加观察对象任何活动，借用一句成语就是"袖手旁观"。完全以旁观者的身份进行观察，俗语说：旁观者清。其优点是由于不必参加观察对象的活动，观察者的记录更方便、客观、个人情感因素也少得多。

此外，还有取样观察法、追踪观察法等。在此不做详细介绍。教师在科研过程中需要根据自己的需要来采取不同的观察方法。

观察法的步骤是：

1. 事先做好充分的准备，制订观察计划。先对观察的现象作一般的了解，然后根据研究的任务和研究对象的特点，确定观

察的目的、内容和重点。如果情况复杂或内容多，可采取小组分工观察。最后制定整个观察计划，确定进行观察全过程所需的次数、时间、记录用纸、表格，以及所采用的仪器等，并考虑如何保持被观察对象的常态等等。

2. 按计划进行实际观察。在进行过程中，既要严格按照计划进行，必要时也可随机应变。要选择最适宜的观察位置，集中注意力，记下重点，不为无关现象扰乱，观察时可借助仪器及时作记录，不要事后回忆。

3. 及时整理材料，对大量分散材料利用统计技术进行汇总加工，删去一切错误材料，然后对典型材料进行分析。如有遗漏，及时纠正，对反映特殊情况的材料另作处理。

第二节　调查法

调查法是教育科学研究常用而有效的方法。

调查法是按照一定的目的和计划，间接地搜集研究对象有关的现状及历史材料，从而弄清事实，分析、概括，发现问题，探索教育规律的研究方法。

调查法主要有以下三个作用：

1. 掌握课题研究的第一手材料和数据，加强课题研究的针对性。作为教育研究的对象和现象是复杂的，各种因素是不断地变化着的。因而，要研究解决某些问题，就必须掌握课题研究的第一手材料和数据，加强课题研究的针对性。

2. 为课题研究提供事实依据。课题研究及教育科研应努力做好三个服务：为行政决策服务，为做好工作服务，为教育改革实践服务。所有这些服务都要以事实为依据。

3. 明了现状，敢于创新。社会越是向前发展，我们要研究的问题涉及的方面就越多。因而，我们必须了解和把握现实情况。要善于发现新问题，解决新问题，提出新见解，形成新理论，推进教育科学和教育事业的发展。

调查要有明确的目的，调查前要制定具体的调查方案。调查对象总体的选择要恰当，要运用科学的抽样方法进行抽样。要利用多种手段收集资料，并具有典型性、客观性和真实性。对调查资料要进行系统化整理，并尽量运用数理统计的方法和图示的方法进行分析。一般采用以下三种调查方式：

1. 问卷法

问卷法是调查者将调查的内容编制成问题或表式，由调查对象填写答案，然后回收，进行整理、统计、研究的一种调查方法。

重要的是做好问卷设计。首先写好问卷导语，即简要写明问卷的目的、意义和要求。主体内容是做好问题设计，题目要具有科学性、合理性和针对性。既能明确地反映出调查者的意图；又能让答卷者真实、准确地进行回答。可有选择题、是非题、填空题、回答题等。题目的组成和顺序都要有一定的安排，还要注意问卷结果要便于统计，并充分考虑利用现代化手段进行统计。

2. 访谈法

访谈法是调查者针对某一特定研究目的，通过与调查对象面对面的谈话方式了解情况，收集所需要的资料的方法。

访谈的内容大致可以分为三类：一是事实的调查，旨在要求被访者提供确实知道的一般情况。二是意见的征询，即征求被访者对某个教育问题的看法、意见和建议。三是了解被访者的内心世界和心理动机，包括个人的认知、经历、体验、兴趣、爱好、抱负、信仰、思想特点、个性特征、心理品质乃至家庭情况、社会关系等等。

要做好访谈设计：确定研究问题，确定访谈的样本和方法，拟定访谈提纲等。

谈话的对象可采用个体访谈，也可以对有相同看法和经历的一组人进行访谈。谈话结构可采用封闭型，即有明确的答案；也可采用开放型，即完全没有明确的答案；或半开放型。谈话方式可采用答辩访谈法也可采用叙事访谈法。

研究者亲自访谈，会使调查工作亲切、深入、全面、准确。障碍是被调查者常有"警戒心理"。为进行好访谈，有以下几点需要注意：

其一，选择访问对象时应考虑到对方能否提供有价值的事实材料，是否乐于回答所提出的问题。因此访问者对于被访问者的经历、地位和个性特征，事先应有所了解。

其二，访问的时间和地点应以不影响被访者的工作或学习为前提，最好是利用课余或休假时间。

其三，访问者取得被访者的信任和合作是关键。为此访问者在访问前需求得被访者同意；谈话前说明访问目的，使对方感到

问题的重要；访问者的态度要诚恳、有礼貌等。

其四，要善于洞察被访者的心理变化。要机智，善于随机应变。

其五，要掌握发问的技巧。提问题通常有三种方法：一是直接法，即开门见山，直截了当地提出一个问题让对方回答。二是间接法，问的是甲，实际想了解的是乙。三是迂回法，即从各个不同的侧面了解一个实质性的问题。当谈话离题时要善于巧妙地把话题引到原定的目标上来。

访谈要选择好记录方式（笔录、录音、录像、相片等）。对访谈记录要及时整理和分析：一是进行事实归类分析，找出因果关系。二是从事实资料中产生新的学说和理论，形成结论。

3. 作品分析法

作品分析法是对调查对象（明确总体和样本）的各种作品，如笔记、作业、日记、文章等进行分析研究，了解情况，发现问题，把握特点和规律的方法。

作品分析法需要有明确的目的和计划，对要分析的作品要确定范围和分析的重点。作品分析法多用于个案研究或群体的心理品质和个性特征等方面的研究。

无论采用哪种调查方式，调查实施后，都应写好调查研究报告。一般调查研究报告的内容包括：调查背景，调查目的，调查对象，调查进行的时间和方式，主要数据统计及分析（结论），对策和建议，主要参考文献等。

第三节　行动研究法

行动研究法是最受教育工作者欢迎，运用最为普遍的科研方法，是我们教育工作者要重点掌握的一个教育科学研究方法。

行动研究法产生于 20 世纪中叶。当时，一般科研工作者认为"行动"与"研究"是不同的人从事不同性质活动的概念。而美国的著名社会心理学家科特·勒温和社会工作者约翰·考尔在各自的工作中发现：社会科学研究者仅凭个人兴趣，或只为了"出书"而搞研究；而实际工作者如果不去研究自己所处的环境和面临的实际问题，又得不到研究者的帮助，任凭个人的热情去工作，就无法做出"有条理有成效的行动"。对此，勒温认为："没有无行动的研究，也没有无研究的行动"。因而，他阐述了行

动与研究间的密切关系，并提出了一种社会科学研究的新思路、新方法，即强调研究选题应该来自实际工作者需求，研究须在实际工作中进行，研究应由实际工作者和研究者共同参与来完成。同时还强调，研究的成果应为实际工作者所理解所掌握，并加以实施。研究的最终目的，是为了解决实际问题以改善社会行为。他进而指出，这是一种"将科学研究者与实际工作者的智慧和能力结合起来以解决某一事实的一种方法"。由此，为"行动研究"正式定了名称。于50年代，将"行动研究"介绍到教育界，随后广泛应用于教育行政管理、教育、教学及课堂的教育科学研究之中。

可见，行动研究是指有计划、有步骤地对教育实践中产生的问题，由教育实践工作者和教育研究者相结合，边研究边行动，以解决实际问题为目的的一种科学研究方法。

行动研究法所以受到教育工作者欢迎，成为最为普遍运用的方法，因为它有五大特点或者可以说是优势。

1. 行动研究的主要目的是针对实际问题，改进实际工作，提高行动质量。它解决了"工作"与"研究"，"实践"与"理论"，"科学研究者"与"实际工作者"的脱节，实现了实验研究和实践工作统一。

2. 行动研究使干部、教师真正成为教育科研的主体。从事行动研究和运用研究成果的人员就是实际工作的人员。第一线的干部、教师最知道教育中亟待研究的问题，也是最易于着手解决问题的人，更是最易取得成果的人。

3. 行动研究的环境是自然状况下的环境，是真实的动态工作环境。这样的工作变革是真实的工作改进、改革。

4. 行动研究选择的方法是有利于解决问题的各种方法的综合，也就是它可以综合、灵活地运用其他方法，如"观察法"、"调查法"、"作品分析法"、"个案分析法"等。这有利于教育方法改革，有利于教育创新。

5. 行动研究的价值评估重在研究的实际效果上，突出了教育科研的实效性。这有利于落实素质教育。

总之，行动研究法使教育实践工作和教育科研工作统一起来，是我们要重点掌握的一个教育科学研究方法。

行动研究的过程可归纳为以下五个步骤：

1. 确定问题。从学校实际工作出发，提出教育教学以及管理方面的亟待解决的问题和改变的初步设想。收集有关资料，明

确研究目的和意义。

2. 制订计划。首先要制定系统的总体计划，包括研究的目标内容，途径方法，管理评价等，还要制定具体的行动计划，安排好活动的先后顺序等。

3. 行动实施。要组织参与研究的人员进行学习和培训。要按计划所制定的措施采取行动，组织活动。要注意活动资料的收集和整理，注重实际效果和问题的解决。

4. 分析与评价。对研究所获得的数据和资料要进行系统的科学处理，及时对研究的成果进行分析和评价。

5. 提出报告。报告的内容应该包括研究背景，理论依据，目标内容，实践操作，效果结论及思考与建议等。

第四节　其他几种常用的科研方法

除了在前几节内容中提到的观察法、调查法和行动研究法，教育科研方法还有文献发、历史研究法、实验法等。下面将一一介绍其他几种常用的教育科研方法。

1. 文献法

通过阅读有关图书、资料和文件来全面地正确地掌握所要研究的情况。查阅的文件最好是第一手材料，如果是第二手材料，必须鉴别其真伪后才可选用。

文献法的步骤是：①搜集与研究问题有关的文献，如图书、资料、文件和原始记录等。然后从中选择重要的和确实可用的材料分别按照适当顺序阅读。②详细阅读有关文献，边读、边摘录、边立大纲。③根据大纲，将所摘录材料分条组织进去。④分析研究材料写成报告。使用这一方法须注意：查阅文献之前，要有与研究问题有关的知识准备，否则难于从材料的分析中作出正确的结论。调查法研究者有计划地通过亲身接触和广泛了解（包括口头或书面的，直接或间接的），比较充分地掌握有关教育实际的历史、现状和发展趋势，并在大量掌握第一手材料的基础上，进行分析综合，找出科学的结论，以指导以后的教育实践活动。

2. 历史研究法

通过对人类历史上丰富的教育实践和教育思想的分析研究，

去认识教育发展的规律性，用以指导今天的教育工作。历史研究须广泛地查阅文献，它同文献法有关，但不能等同文献法。文献法不一定研究某一现象的全部过程，历史研究法也不限于只查阅文献。

历史研究法的步骤是：①史料的搜集。要尽可能地搜集与研究问题有关的史料，如政府的教育法令、规章制度、决议、规划、条例等材料；还要搜集反映当时教育情况的论著、报告、小说等有关材料。不仅要有文字的史料，还要有非文字的史料。②史料的鉴别。要用各种方式对搜集的史料鉴别其真伪，也要区别长期为大家所公认的史料中史实的真伪。③史料的运用。史料鉴别后，要用历史唯物主义的观点进行分析，要对具体事物作具体分析，批判地继承，取其精华，去其糟粕。

3. 实验法

在人工控制教育现象的情况下，有目的有计划地观察教育现象的变化和结果。它能使观察、记录更为精密，便于弄清每一个条件所产生的影响，保证研究工作的准确进行。实验法可分为实验室实验法和自然实验法。前者基本上是在人工设置的条件下进行，可采取各种复杂的仪器和现代技术；后者在日常教育工作的正常条件下进行。教育实验法多数采用自然实验法进行，但对某些问题的研究也需要应用实验室实验法。不论采用哪种实验法，都要保证受试者处在正常的状态中。

实验法一般分三种：①单组法，就一个组或班进行实验，看施加某一实验因子与不施加实验因子或在不同时期施加另一实验因子，在效果上有何不同。②等组法，就各方面情况相等的两个班或组，分别施以不同的实验因子，再来比较其效果。③循环法，把几个不同的实验因子，按照预定的排列次序，分别施加在几个不同的班或组，然后把每个因子的几次效果加在一起，进行比较。

实验法进行的步骤是：①决定实验方法、组织形式，拟定实验计划。②创造实验条件，准备实验用具。实验进行前，根据实验目的，拟定测验题目，准备教具、仪器、记录表格、统一标准，拟定记录方法、符号等，设法控制实验因素，使重要因素不变或少变。③实验的进行。在实验过程中要作精确而详尽的记录，在各阶段中要作准确的测验。为了排除偶然性，可反复实验多次。④处理实验结果。考虑各种因素的作用，慎重核对结论，力求排除偶然因素作用。与实验法有关的还有模拟法，即创设专

门类似物（模型）或情境的办法。科学模拟便于进行精确分析，把所得结论用于现实环境。如外语教学中创造语言环境和外语演剧教学，直接教学法的试验等等。

4. 分析法

又可以称逻辑分析法，即对所搜集的材料进行分析研究的方法。这种方法本身包括分析、综合、抽象、概括、归纳、演绎等具体方法。分析是把复杂的教育现象分为各个组成要素，抽出它的各种特点来，单独地观察它们，剖析每个组成因素的性质和特征。分析之后，又必须进行综合。即根据分析的结果，把事物或现象的各个要素联成一个整体来认识，没有分析就没有综合。抽象是对某种教育现象抽出基本的、本质的东西，撇开表面的、非本质的属性，集中注意力去掌握事物的本质。概括则是从某些教育现象中抽取出其本质属性，从而形成概念。归纳是由个别到一般的推理方法，即将所研究的同类教育现象概括出该类现象中的一般特征来。演绎是由一般到个别的推理方法。分析法对研究成果的关系甚大，分析工作必须慎重地进行，特别要注意运用正确的方法论作为指导。

5. 个案研究法

对单一的人或事进行深入具体的研究。研究的人或事可能是典型的，也可能不是典型的。可以通过若干个个案研究，再作比较，找出规律性的东西，以指导工作。

个案研究一般常同典型调查结合进行，进行的步骤与调查法类同。一般为：①进行了解、确定个案研究对象。②进行观察、调查，收集资料。③进行个案分析研究，写出分析报告。

6. 统计法

通过观察、测验、调查、实验，把得到的大量数据材料进行统计分类，以求得对研究的教育现象作出数量分析的结果。这是数理统计方法在教育方面的应用。统计法可用于对教育行政效率的检验，对教育经费的合理分配，对课程分量规定的测定，对学生的成绩的科学比较等等。在教育实际工作中，经常使用描述统计研究情况，如整理实验或调查来的大量数据，找出这些数据分布的特征，计算集中趋势、离中趋势或相关系数等，将大量数据简缩，找出其中所传递的信息。还可进一步使用推断统计法，即利用描述统计取得的信息，通过局部去推断全局的情况。近几十

年来随着统计学的发展，提出了实验设计，要求在较严谨的实验研究中检验设计中所列的自变量和因变量之间的关系。

统计法一般分为两大步骤：①统计分类。整理数据，列成系统，分类统计，制统计表或统计图。②数量分析。通过数据进行计算，找出集中趋势、离中趋势或相关系数等，从中找出改进工作的措施。掌握统计法，必须学会科学的推理方法和掌握统计计算的技术。

7. 比较法

比较法是对某类教育现象在不同时期、不同社会制度、不同地点、不同情况下的不同表现，进行比较研究，以揭示教育的普遍规律及其特殊表现。采用比较法，要考虑各个国家的社会经济制度、政治制度、历史传统、科学和技术以及文化发展的水平、教育理论及其在教育实践中的反映，明确可比较的指标。这样，才能正确掌握某一国家教育发展的基本趋势，明确可以借鉴和学习什么。

比较法的进行步骤：①描述。把所要比较的国家的教育现象的外部特征加以描述，要求准确、客观，为进一步分析、比较提供必要的资料。②整理。把搜集到的有关资料进行整理，如作出统计材料，进行解释、分析、评价，设立比较的标准等；必要时须研究某些材料在历史发展中的变化，以便深刻地理解所分析的教育对象的现状。③比较。对资料进行比较和对照，找出异同和差距，提出合理运用的意见。比较法的使用离不开其他方法的配合，比较法本身还要求科学化和定量化。

第五节　科研成果的表述

教育科研成果，是针对某种教育现象，某一教育课题或某种教育理论进行调查研究、实验或论证后得出的新的教育观点、新的教育思想、新的教育方法或新的教育理论。对教育科研成果进行表述，不仅是为了科学地总结自己的研究工作，更重要的是向教育界以至社会提供教育科研信息，以丰富教育理论宝库和来推动教育实际工作。

教育科研成果的表述，说明了研究什么、如何研究以及研究结果及其价值。通过科研成果的表述，可以对整个课题研究过程进行高度概括和科学总结，揭示教育的某种规律，实现理论升华，显示其理论价值。同时，又为解决某一教育问题提供理论依

据、建议、方案或办法，从而推动教育的改进和变革，显示其实用价值。因而，科研成果的表述，不仅仅是个反映科研成果的问题，而且是深化和发展科研成果的问题。

教育科研过程是人们获得直接经验的过程，这种经过精心设计、探索而获得的直接经验，不仅对直接参加者来说是十分宝贵的，而且对于所有教育工作者，对于人类整体认识的提高和发展都是十分宝贵的。教育科研成果的表述，有利于不同空间、不同时间的人进行学术交流。

教育科研成果的表述，是一个严密的思维过程，需要一定的分析、综合、抽象、概括的能力，要求有准确运用语言的能力和技巧。缺乏一定的思维能力和表述能力，总结、表述不好，课题研究只能是一种无效或低效的劳动。教育科研成果的表述，有助于培养、提高研究者的思维能力和表述能力，进行有效的科研活动。

教育科研成果的表述形式是多种多样的，研究的任务不同，研究成果的表述形式也不一样。一般来说，教育科研成果的表述形式主要有两大类：一类是教育科研报告，另一类是教育论文。此外，还有教育专著或编著。

1. 教育科研报告

教育科研报告是描述教育研究工作的结果或进展的文件，是报告情况、建议新发现和新成果的文献。它是教育研究工作者广泛使用的一种文体。随着教育研究的内容与方法的不同，研究报告也有不同的。

（1）实证性研究的报告。即用实证性方法进行研究、描述研究结果或进展的报告。如对某个教育问题进行调查研究写成的调查报告；对某种教育现象进行科学实验后写成的实验报告；对某个学校的教育教学经验进行总结以后写成的经验总结报告等。这类报告都是以直接研究所得到的材料为基础，对研究的方法和过程加以分析，找出规律性的东西，提出经验、办法、建议及存在问题，得出应有的结论。

（2）文献性研究的报告。即用文献法进行研究的报告，如教育史研究中的文献考证的报告。这类研究报告以对文献的分析、比较、综合为主要内容，并展示文献的考证过程，说明文献的来源与可靠程度。

2. 教育科研论文

教育科研论文是教育科研工作者对某些教育现象、教育问题

进行比较系统、专门的研究和探讨，提出新观点，得出新结论，或站在新的角度作出新的解释和论证的一种理论性文章。

论文通常有多种分类方法：按写作要求可分为投稿论文和学位论文；按篇幅数量和规模可分为单篇论文和系列论文；按研究的特点、层次和水平又可分为经验性论文（教育教学工作经验的理论总结）、研讨型论文（针对教育实践和理论中问题，进行专题总结、分析、研究）、评述性论文（对问题进行专项综述和评析）、学术型论文（对教育问题进行专门、系统的研究，总结规律，揭示本质，进行论证和证明）等。

一份科研报告或论文是否有意义，取决于它的质量。为了保证教育科研成果表述的质量，研究者必须遵循以下基本要求：

1. 科学性

科学性是科学研究成果的生命所在。教育科研成果的表述必须观点正确、材料可靠，论证要以事实为依据，无论是阐述因果关系，结论的利弊和价值，结论的实用性和可行性，都必须从事实出发。推理要合乎逻辑，不可无根据地臆断。

2. 创造性

创造性是衡量教育科研成果质量水平高低的重要依据。别人没有提出过的理论、概念、教育教学新方案，新的实验方法，别人没有观察到的现象，在实验和调查中第一次获得的新数据等，都是创造性的研究成果。

3. 规范性

教育科研成果的表述虽无定法，但有规律可循。在撰写教育科研成果时，要按照一定的格式，不能忽视最基本的规范要求。写作之前要有明确的计划和提纲，要根据研究的结构特点和逻辑顺序，研究课题的任务和内容，来考虑表达的形式和表述的方式。

4. 可读性

为了便于传播和交流，教育科研成果的表述应具有可读性。科研成果的语言阐述必须精确、通俗，在不损害规范性的前提下，尽可能使用简洁的语言。专门的名词术语可以用，但不能故弄玄虚。文字切忌带个人色彩，一般不采用比喻、拟人、夸张等修辞手法；不可把日常概念当作科学概念，不宜采用工作经验总结式的文字。一篇高质量的论文，不仅要有创见、也要讲究辞章，达到科学与文学、科学与美学的最佳结合。

第五章　教师科研要有问题意识

爱因斯坦曾说过："发现一个问题，比解决一个问题更有价值。"西方哲学史上有一个著名的故事：在剑桥大学，维特根斯坦是大哲学家穆尔的学生。有一天，大哲学家罗素问穆尔："谁是你最好的学生?"穆尔毫不犹豫地回答："维特根斯坦。""为什么?""因为在我的所有的学生中，只有他一个人在听我的课时，老是流露出迷茫的神色，老是一大堆问题。"后来维特根斯坦的名气超过了罗素。有一天有人问维特根斯坦："罗素为什么落伍了?"他回答说："因为他没有问题了。"通过这个经典的故事，我们可以洞悉，教师的成长与专业问题是密不可分的，教师的问题意识是教师的专业成长活力的重要表征。

教育科研过程就是一个发现问题、提出问题、分析问题和解决问题的过程。因此，对于一名教师来说，是否具备"问题能力"和"问题意识",就成为教育科研工作的核心、重点和关键。长期以来,我们一直强调在教学过程中注重学生的问题意识,而很少涉及教师的问题意识。教师问题的缺失使许多教师成了没有问题的"罗素"——落伍的"罗素"。

教师的问题意识主要是指教师能够意识到问题的存在、具有解决问题的意识、具有解决问题的信心等。问题意识有助于教师养成反思的习惯,提高教师的教育教学水平,提高教师的教育研究水平,从而不断促进教师的专业成长。教师在职前职后缺乏问题意识的教育培训、传统校园的缺乏问题意识的环境、"师道尊严"的心理等,是造成教师问题意识缺乏的原因。教师职前职后教育中要加强问题意识的培养;学校要构建和谐的校园环境,创造良好的问题意识氛围;教师自身需要不断努力,通过撰写教育教学日记、经常性反思、加强理论学习等途径增强自己的问题意识。

第一节　在教学实践活动中发现问题

在马克思的墓碑上,镌刻着这样的名言:"历史上的哲学家总是千方百计以各种各样的方式解释世界,然而更重要的在于改

造世界。"认识的目的在于实践，教师教学，进行教育研究实际上是将引导学生学习获得生存的本领、生活智慧的认识运用于课堂。这就需要教师实践杜威所说的"最好的一种教学，牢牢记住学校教材和现实生活二者相互联系的必要性。使学生养成一种态度，习惯于寻找这两方面的接触点和相互的关系"，用教学照亮学生生命的前程。

那么，教师要想实现这样的教学理想，必然要经历一系列的教学实践活动。教师所进行的实践活动是不是真的适合学生？其中是不是存在问题？课堂上怎么让更多的学生倾听其他学生的发言？

像这样的问题，相信很多教师在教学活动中都会遇到。过去，在教师讲，学生听为主要教学方式的课堂上，这个问题并不突出。新课程改革中要求教师尽可能把课堂还给学生，这样在新课程的教学实践中，留给学生交流和表达的时间就增多了。由此就有了新的问题：低年级的同学急于表现、表达而缺乏倾听的习惯，教室里经常闹哄哄的；高年级的同学发言的少，倒是不闹了，但发言的在发言，其他同学都在各干各的，也没有倾听。像这样的问题，就属于实践中遇到的问题。

这些都是教师科研过程中需要挖掘的问题。教师意识到这些问题的存在，说明教师有这种问题意识。那么到底何谓"问题意识"呢？

所谓"问题意识"，是指人们在认识活动中，经常意识到一些难以解决或疑惑的实际问题及理论问题，并产生一种怀疑、困惑、探索的心理状态。问题意识不仅体现了个体思维品质的活跃性和深刻性，也反映了思维的独立性和创造性。强烈的问题意识，作为思维的动力，促使人们去发现问题，解决问题，直至进行新的发现与创新。所以，问题是科学研究的出发点，是开启任何一门科学的钥匙。没有问题就不会有解释问题和解决问题的思想方法。

新课程改革的到来，把问题作为课堂的中心显得越来越重要，平时我们谈的更多的是培养学生的问题意识和问题能力，而忽视了对教师自身问题意识和问题能力的形成的研究。而教师问题意识和问题能力恰恰是学生问题意识和问题能力培养的必要条件。

那么，作为教师在教学实践活动中要从哪些方面去培养自身的问题意识呢？

1. 从备课过程中发现问题

备课是教师的一项基本功，是每天都要做的一门功课。备课的过程，实际上是先进理念的进一步内化和外显的重要过程。在此过程中，教师通过对《课程标准》的研究，通过对教材重点难点的理解与分析，通过对相关课程资源的挖掘与整合，通过对学生认知等前提条件的观察与体悟，总会发现一些问题、困惑存在，假如有意识地对此加以归纳、梳理、提炼，就能形成有价值的基于解决"真"问题的"课题"。而这些源于实践的课题的研究和解决，恰好能真正起到课题研究的作用，实现其价值.

2. 在教学实施的过程中，发现问题

课堂永远是教师的主阵地，是问题发生的地方。课堂上学生的学习状态、投入程度、合作的深度与效果、课堂的预设与生成、训练与反馈，等等，每一个学习细节，每一个教学环节，都可能有问题存在。如，小组讨论时任务是否合理，要求是否明确，问题设置是否妥当，小组成员分工是否恰当，讨论是否深入，有无"沉默者"；课堂的训练目标是否科学，训练题目的设计是否关注了难度、梯度和有效度，反馈是否及时，反馈的方式是否合理，评价是否到位妥贴，等等，每一个具体问题的发现，就是教师对课堂观察和思考的结果的展示，每一个问题解决的过程，就是对先进教学和课程理念内化与外显的过程，就能促发我们对课堂教学诸多问题进行深度思考。

3. 从同事身上发现自身问题

同事就像一面镜子，是衡量自身的一个标尺。从同事身上，可以发现我们自身所存在的问题和差距，明确前进的方向。在日常工作中，应该坚持"听别人的课，想自己的课"，"听他人的课，改自己的课"。可以借助课堂观察，与优质课、名师的课、同事的课作对比，反思自己在上这节课时是怎么处理的，有哪些不同，哪些地方处理得不如他好，为什么，怎么改进更好，等等。站在局外人的角度，审视自己、反省自己、发现自己、完善和改进自己，在比较中提高自己。

4. 在教学反思中发现问题

教学反思即自觉地把自己的课堂教学实践，作为认识对象而进行全面而深入地冷静思考和总结的过程。无论是对教师的"教"与"育"，还是对学生的"学"与"习"，很多问题的发

现和归纳就来源于我们的观察和反思。可以说没有反思，就不会发现、研究和解决问题；没有反思，就不会有经验的总结和提升；没有反思，就不会发现理念与实践的差距；没有反思，就不会有新理念的融入和行为的跟进。因此，我们不仅要深化对"教"的反思，发现和解决"教"的问题，更要关注"学"的反思，要研究学的行为，学的习惯，学的品质，学的方法，学的环节，学的有效性等方面存在的问题。通过反思，加速问题汇集的进程，促使一线教师在梳理问题、提炼问题、研究和解决问题的过程中，加快教师专业化发生的步伐。

教师从事教育科研，不要发愁问题从哪里来，教育教学中，问题无处不在，关键是有没有一双发现问题的眼睛，有没有研究的欲望。只要善于观察、善于思考，发现自己的困惑，就一定能找到适合自己研究的课题，当然这也需要积累经验、不断探索，锻炼自己发现问题的独特视角，并对发现的问题进行筛选和提炼。可以从自己的教育教学实际中寻找研究课题，在自己的教育教学遇到的突出的问题中选题，也可以从成功的教育教学经验中提炼出新的问题，以及从自身课堂实践的矛盾冲突中选择问题。有了问题，再具备了一定的知识积累和研究能力，就一定能取得较好的研究效果。

只有教师有了强烈的问题意识，才能促使教师自主地、自觉地、更加有效地反思、研究自己的教育教学行为，发现并进而改进自己存在的问题，增强自身的问题意识，实现自身的专业发展。

第二节　从学习思考中发现问题

孔子曰："学然后知不足，教然后知困。知不足，然后能自反也；知困，然后能自强也。"

教师教学研究的过程也是一个不断学习的过程，也是一个不断发现问题的过程。学习掌握的知识越多，发现问题的眼光也就越敏锐。学习过程本身就是发现问题的过程。

学习要有"大学习观"——向书本学习、向同伴学习、向实践学习。在学习中，思考问题、发现问题。

向书本学习。对一个人来说，变"老"最快的是"心"，变"钝"最快的是脑。作为教师，保持"职业青春"常在的秘密只有一条，那就是终身学习、不断进取。学习学科最前沿的知识，

学习最新的教育理论。

以前经常说为了给学生一杯有价值的水，自己要有一桶水，但现在信息时代老师光有一桶水已是远远不够的，老师应该像一条奔腾不息的长河，源源不断地给学生输送最新的知识。教师要善于积累，厚积薄发，要有深沉积淀，这样才能可持续发展。与时俱进，不断地学习最新的教育理论知识，才能真正理解和解决不断发生的教育实践中所出现的各种问题。了解教育内容的物之理、教育对象的心之理和教育活动的育人之理，才能找到理论与实践的结合点，促进自己的专业发展。

向同伴学习。我们还要虚心好学，向老教师学习，向优秀的教师学习，扎扎实实工作。平时我们教导学生学习上要主动，那作为教师自身，在教学也应主动，多向有经验的老师、优秀教师交流探讨教学心得与体会。听一听其他教师的课，想一想自己的课，比一比两节课的优缺点，反思一下自己的教学，取长补短。正所谓"三人行必有我师"。从中获得教学常规与策略，以及易为学生所接受的教学方法和形式。有机会多参加一些优秀课的交流与观摩活动，评课时认真记录每一位老师的意见，供自己回去再慢慢推敲。多听课、多思考、多改进，逐步形成自己的教学风格，努力追求自身教学的高品位。

向实践学习。在教学上，最重要的是一个"思"字。通过思考来提升专业能力，提高专业水平。思，第一层面，即思考。做到课前广思，课中慎思，课后反思；第二层面，即思想，形成自己独特的教学思想和风格。

叶澜教授曾指出："一个教师写一辈子教案不可能成为名师，如果一个教师写三年教学反思就有可能成为名师。"是呀，中国古代就素有"三耕"之说——"目耕"（读书）、"舌耕"（教书）、"笔耕"（写作）。作为教师，若只是读书、教书，不写作、不反思、不梳理自己的成败得失，又怎么可能提升自己的教学理念呢？要使自己尽快成长起来，就要坚持反思。

反思可围绕课堂教学中的教后小记。"教然后知困"，总结经验，研究困惑，不断改进。把教学过程给人启迪的地方写下来，反思成功之举、失败之处、探索之路、智慧之光、学生之见，正是这看似平常却给人深省的课后小记，能使我们经常梳理自己的课堂，调整自己的教学心态，改进自己的教学方法，促使自己从经验型向科研型方向发展，提高自己驾驭课堂教学的能力。真正的去"用心"做事，"用心"去做教育。

　　一起来看一下著名教育家陈大伟在教育科研中是如何在学习思考中发现问题的。

　　多年前，在四川省绵阳市涪城区教师进修学校工作时，我接到了一位中学教师的电话。她说我们进修学校老师听了她的课以后，当着学校领导的面说了很多问题，她批评说："我们几学期才会给外面的老师上一堂课，你们来的是所谓的专家，听说你们要来听课，我们格外重视。可是你们听完课以后全是下结论，提的意见我们又根本做不到，对我没有什么帮助。校长、主任听了你们的意见以后，却认为我素质不高，上课上得差，对我留下了不好的印象。"她的电话使我意识到：一方面，我需要思考和解决如何使听课评课既能够帮助教师，又能够保护中小学教师的面子和积极性，从而解决好我们到中小学听课不受欢迎的问题；另一方面，也遇到了如何引导中小学管理者和一线教师认识课堂和自身不足的问题。

　　又一年元旦，我到一所学校参加教育年会。这所学校在教学期间的每一周，都有一次教研活动，主要方式就是听课评课。每年年底的时候，教研组的每一位教师人人登台献课，在此基础上，各组再推选出一位代表在全校的教育教学年会中献课。我参加了三次年会，总体感觉教师们的课堂教学变化不大，于是问校长："与前几年比较，现在的课堂有了什么进步？"校长仔细想了想，最后只说："运用了多媒体。"

在中小学，听课评课不仅参与面广，而且耗时很多。我想，如果听课评课效益不高，浪费的就不仅仅是大量的时间和金钱，还包括老师们宝贵的热情和积极性。因此，必须思考以更有效的方式进行听课评课。

2004年第11期的《人民教育》刊发了"评课谁说了算"的讨论。文章的本意是讨论如何在评课中追求和现实参与者的平等主体地位，避免专家的话语霸权。但在我的阅读中，跳出文章的思路，转而想到了另外的问题：要讨论"谁说了算"，首先应该明确"什么是'算'"，"怎样才'算'"。

我意识到：一线中小学教师参与听课评课的主要目的是为了实践，是为了改进教学。也就是说，评课时所表达的意见只有落实到实践中，实实在在地改进了教师的教学行为，提高了课堂教学的水平和质量，才能够说得上"算了数"。

显然，"算"与"不算"，"算"多少要取决于三个要素：首先是"说"的要素，也就是说了什么——说的东西有没有用，怎

么说——是否采用了别人愿意听的方式。其次是取决于"听"，参与者爱听不爱听、想不想听、如何听必然影响到"听"的效果。第三是"用"的问题，这要看评课时大家所表达的意见是否能用，参与者是否愿意用。

在这三个要素中，"说"是前提，"听"是中介，"用"是目标，是核心。立足于"用"就再不能空口说白话，所以，如何在听课中为"说"奠定基础，也是需要研究的问题。

我注意到，在新课程改革中，传统的听课评课尽管被多种声音批评，但在我国总体还缺乏一个具有实践操作意义上的体系性的结构。

陈老师最初是在听课评课过程中发现了其中存在的问题，之后通过自己看的一篇关于听课评课讨论的文章便引发了深刻的思考。于是，他便对观课议课进行了深入的研究，并在全国范围内产生了很大的影响。

我们可以看到，在教育科研过程中，自己的实践、自己亲身接触的现实，他人身上，以及阅读，都往往给我们启发，促进我们思考，重要的是，我们要学会用思想的行动去发现问题、研究问题。

第三节　从热点难点中发现问题

留守子女问题、社区教育问题如何突破？农村教育问题、职业教育与技能型人才培养问题、素质教育与基础教育课程体系改革问题、高等教育质量和创新人才培养问题，都需要教育科研工作者和一线的教师进行研分析。

很多教师都有这样的感触：平时在学校除了自己的教学工作之外，上级和学校还会时不时就有新的任务和要求，教师往往忙于应付之中，很少有时间静下心来研究教育教学工作中的问题。

其实，教师可以换一种角度去对待这个问题。上级和学校对教师要求的研究课题往往是教育现象中存在的难点和热点问题。教师完全可以把上级和学校的要求变成自己的课题。研究这样的问题往往会收到很好的实际效益：一方面，这样的研究成果更容易得到认可，也更容易发表；另一方面，它将使自己在执行上级政策和学校要求时更加自觉，更加主动，从而使工作更有成效。

2007 年 3 月 22 日至 4 月 3 日，中央电视台一套节目在黄金时段播出了 23 集电视连续剧《恰同学少年》。自首轮播出第一集

开始至今，全国观众反响强烈。据央视索福瑞机构提供的全国收视率调查显示，该剧平均收视率为 5.26%，最高达到 8.92%，这两个数据均表明该剧为 2007 年在央视一套播出电视剧的收视率冠军。广大青少年尤其是大、中学生纷纷致电、写信、上网呼吁要求中央电视台重播该剧，中央电视台《新闻联播》4 月 4 日、4 月 5 日连续两期节目报道了该剧的社会影响及重大意义。此现象引起了有关机构的高度关注。

然而，有抽样调查中却发现，在很多中小学教师、校级以及中层干部中间，完整或比较完整收看过《恰》剧的人数竟然还不到 8%。

电视剧《恰同学少年》是以青年毛泽东在湖南第一师范大学五年半的读书生活为主要表现背景，展现二十世纪初以毛泽东、蔡和森、向警予、杨开慧、陶斯咏等为代表的一批优秀青年学子风华正茂的学习生活和他们之间纯真美丽的友情、爱情故事，同时塑造了杨昌济、孔昭绶等一批优秀教师形象的一部作品，她深刻揭示了"学生应该怎样读书，教师应该怎样育人"这个与当今社会紧密相关的现实主题。

特别是剧中展现的孔昭绶校长、徐特立先生、杨昌济先生等一丝不苟、严谨治学的精神，他们对学生的关爱、因材施教的理念与行为，都是非常值得作为教育工作者所学习和借鉴的。

其实教师完全可以通过收看电视连续剧《恰同学少年》，对教育问题进行深入思考，对教育真谛进行追问，这是一项很有意义的研究课题，同时有效提高教师专业自主成长的意识和能力。

那么，教师参与研究这些热点难点问题怎样才能取得比较好的研究成果呢？

作为热点和难点问题，研究这些问题的重要性不言而喻。很多教师在研究热点难点问题时，都会发现这样的研究成果很容易发表。著名教育家陈大伟对于素质教育的研究就曾有过这样的经历：有一次他在《中国教育报》上看到了"关于素质教育的再讨论"相关文章。读完之后，觉得自己有责任为素质教育高呼，但同时有对素质教育又有新的理解。于是，把自己的思考和观点写了出来并发给了《中国教育报》。在一周之后，《中国教育报》就以"学者观点"刊出了他的这篇文章。但是，不是所有对于热点难点问题的研究成果都可以如此顺利发表。要争取被多数人认可，并予以发表，主要是要考虑研究的创新点。有很多教育难点问题，并不是作为热点出现的，而是在教育一开始就存在的，并

且一直以来都有很多人对此进行研究。对于这样的难点问题如果不存在创新，就很难被人们认可。对于热点问题的研究也同样如此。热点之所以热，往往就是因为关注的人比较多，所以才成为热点。教师对于热点难点问题的研究要想脱颖而出必须要有创新。首先是要多读，要研究他人的研究成果，要了解自己的观点别人是否已经表达过了。同时，要判断和比较自己的观点是否有新意。如果涉及方法和操作问题，就要看一看自己的方法是否有时效性、操作性和推广可能。

教师只要时刻关注身边的事情，关注社会热点，教育难点，认真思考，终究会从中发现出问题。

第四节　发现问题注重思路

提高教师自身的科研能力，不仅要培养教的问题意识，还要注重思维方式的运用。

第一，要有怀疑和批判的精神

怀疑是产生研究问题最为简便，最常用的思维策略。怀疑是对事物合理性的重新思考，这样可以在原以为没有问题的地方重新发现问题。怀疑不仅可以指向教师在实践中遇到的困难问题，而且可以指向教师在科研过程中耳熟能详的、习以为常的观念和做法。比如，教师对学生的称呼用"孩子们"，这种称谓是否合理？用在几年级的学生身上比较合适？又比如"差生"的概念，什么样的学生是所谓的差生？差生概念是否对学生产生心理阴影？等等，这些问题是在教育教学过程中经常出现的，但是大多数教师却不会对此产生怀疑，也很难想到对这些问题进行研究。

怀疑是研究的基础，研究中没有怀疑就没有创新，没有怀疑就没有超越，更没有进步。对问题的怀疑精神也有质量的高低之分。要提高怀疑的质量，还需要学习怀疑的方法，做到有根据有条理地怀疑。首先，在科研实际效果不理想时，应该对现有的做法和理论进行怀疑；其次，当教师在科研过程中发现新的事实与既有认识和理论发生冲突时，或者不一致时，可以怀疑既有的认识和理论，从而做到有根据地怀疑。怀疑同时还要有条理性，怀疑证据既要有见识的实践基础和理论，也要有合乎逻辑的推断。逻辑是检验理论合理性的工具，当教师在科研过程中发现某种理论、观点不符合逻辑时，就可以对此展开怀疑。

第二，转换角度看问题

一个窗口有一个窗口的视角，也就有一个窗口的风景。从不同角度、不同层次去看，就会有不同的感受，会产生不同的看法，从而形成不同的问题。

变化角度是改变原来的思维定式，从不同角度、不同层次去发现新的探索天地，它不以否定原有结论为前提，但它需要摆脱以往的思维定式和已有知识的影响，另辟蹊径。如"评课谁说了算"这样一个讨论。大多数人会从"谁"这个主要出发去研究问题。但是如果抓住"算"这个字，可能就是另一种角度，也就打开了研究课堂教学的另一扇窗户。这就是一种变换角度的方式。

变换角度采用的思维方式为发散思维、横向思维。发散思维具有不定向性，其思维策略具有灵活性和开放性，其思维结果也往往具有多样性。以发散思维的方式去观察和思考，发现研究问题的可能性很大。

第三，学会接力思考

马克思说："人们自己创造了自己的历史，但是他们并不是随心所欲地创造，并不是在他们自己选定的条件下创造，而是在直接碰到的、既定的、从过去继承下来的条件下创造。"人类的研究也好，人类的发展也好，总体上是接力的，或者说是以接力的方式发展的。教育科研也需要一种接力的方式。就像剥洋葱一样，你剥完了发现里面什么都没有，但是，你若没有剥过，你又怎么知道里面到底有什么？教育科研不能总是停留在一个感觉的层面，而是要接下去再深入研究，同样可以获得值得研究的问题。

接力思考不仅仅限于对表层问题的深入挖掘，还可以是对前人研究成果的进一步深化。牛顿曾经说过："我不知道在别人看来，我是什么样的人。但在我自己看来，我不过是一个在海滨玩耍的小孩，为不时发现比寻常更为光滑的一块卵石或比寻常更为美丽的一片贝壳而沾沾自喜，而对于展现在我面前的浩瀚的真理海洋，却全然没有发现。如果说我比别人看得更远些，那是因为我站在了巨人的肩膀上。"

在研究中，教师要站在巨人的肩膀上，并对给我们提供"肩膀"的巨人、前人、他人表示敬意和谢意。更重要的是，我们又要学会担当起比巨人、前人、他人站得更高、看得更远的责任。

第五节　研究问题要有思路

教师进行教育研究的过程是一个不断解决问题的过程。如何才能有效地解决问题呢？这其中涉及研究思路的问题。发现只是找到了一个研究点，研究要围绕这个点去展开，那么应该如何展开呢？

第一种思路：具体化思路

具体化可以说是一种细化处理，也可以说是一种理论走向实践化，走向操作化的思路。比如，对于"地理插图的教学处理及素质教育关键"的研究。素质教育的有关理论和原则已经有了，但要落实到具体的实践中去还需要研究实施的方法和措施。拿上面的研究实例来说，可以把地理插图分为"地理分布图"、"地理统计图"、"地理示意图"、"地理景观图"、"地理史料图"、"地理漫画"等不同的类型，在每一种类型下研究"目标追求"、"教学方式"、"教学流程"等内容。这样素质教育在地理插图教学活动中就得到了具体化，变得可操作和借鉴。

具体化的思路很适合借鉴和运用先进的教育思想和经验。将他人的经验运用于实践，要根据自己的实践条件和需要，进行具体化的思考。在进行操作性研究活动时，又不能仅仅满足于或者停留在一招一式的研究上，而是要在实践的理念、实践的程序、实践的原则等方面下工夫。同时，要注意避免自己的研究成果束缚后来的实践活动。

第二种思路：实践经验概括化

实践经验概况化也是研究问题的一种思路。对实践经验的研究，不能仅仅停留在就事论事的层次，而是要致力于去发现它的意义和价值。通常，通过深入研究，我们总可以发现诸如理念、原则、方法、模式一类的东西，在这个过程中，具体经验被深刻理解。而在经验概括过程中抽象出来的诸如理念、原则、方法、模式一类的东西则可以在更大范围内影响实践。比如，前面提到的对于"差生"的这一称呼。最初可能只是觉得称呼一些学习成绩差的学生为"差生"不好，然后就可以抓住这个点，研究差生的概念、使用"差生"这一称呼的后果，以及对这类学生该如何来认识和理解，直至"后进生"这个概念的提出。通过研究这一

个问题，从而带出许多相关联的问题，最终得出结论。这是一种由此及彼展开联想的方法，在教科研中很容易触发教师的思想灵感，从而带来意想不到的收获。

第三种思路：体系化思路

学校教育是一个复杂的系统过程，仅仅局限于一点、片面思考，必然会顾此失彼。因此，在设计和实施研究的时候，必须有全局观念，整体思想。比如，在你把学生作为研究对象时，你不妨再想一想老师、想一想家长，想一想学生生活的周围环境。研究的视野就会豁然开朗。研究视野开阔了，就有可能找出一条更为合适的研究路线。

比如，在研究教学方法时，需要涉及教材，因为任何一种叫法都不是万能的，它总有自己最适用的对象。另外，研究教法改革，就要思考相应的学习方法的改变，因为教法改变的最终目标是学生获得更多的收益。学法没有相应的改变，教法改变的效果就不可信。这样，体系化就成了展开研究的一条思路了。

第六章 教师科研要有协作意识

在远古的时候，上帝在创造着人类。随着人类的增多，上帝开始担忧，他怕人类的不团结，会造成世界大乱，从而影响了他们稳定的生活。为了检验人类之间是否具备团结协作、互助互帮的意识，上帝做了一个试验：他把人类分为两批，在每批人的面前都放了一大堆可口美味的食物，但是，却给每个人发了一双细长的筷子，要求他们在规定的时间内，把桌上的食物全部吃完，并不许有任何的浪费。

比赛开始了，第一批人各自为政，只顾拼命地用筷子夹取食物往自己的嘴里送，但因筷子太长，总是无法够到自己的嘴，而且因为你争我抢，造成了食物极大的浪费，上帝看到此，摇了摇头，为此感到失望。

轮到第二批人类开始了，他们一上来并没有急着要用筷子往

自己的嘴里送食物，而是大家一起围坐成了一个圆圈，先用自己的筷子夹取食物送到坐在自己对面人的嘴里，然后，由坐在自己对面的人用筷子夹取食物送到自己的嘴里，就这样，每个人都在规定时间内吃到了整桌的食物，并丝毫没有造成浪费。第二批人不仅仅享受了美味，而且，还获得了更多彼此的信任和好感。上帝看了，点了点头，为此感到希望。

但世界总是不完美的，于是，上帝为第一批人类的背后贴上五个字，叫利己不利人；而在第二批人的背后贴上另外五个字，叫利人又利己！

从这则故事中我们可以知道：只有相互帮助、协作、沟通才能达到共同目标，否则只能像第一批人那样以失败告终。

教师进行教育科研并不是一在一个人孤身奋战，研究过程中不仅有教师这个主体还有研究对象等诸多研究客体，以及研究同伴，整个群体构成了研究这个整体，教师本人只是作为一个个体存在。在研究过程中不能避免与其他个体之间产生联系，所以教师要想顺利开展研究工作，必须处理好各种关系，树立协作意识。

第一节　学校教师协调教研

教育科研是学校建设的重要内容，是教师专业发展的重要途径。

有人把教育科研比作塑料花，认为只是一种装饰好看但不香，也有人把教育科研当作敲门砖，认为研究报告是评定职称的工具。这些看法有一定的代表性。由于存在这些看法，一些学校和教师不是根据教育实际需要，选定课题认真地进行研究，而是把力量放到争取课题立项和撰写文章上面，出现了课题设计阶段和结题阶段两头忙，研究过程空荡荡的现象。甚至有的还花钱请人代笔，请"枪手"写报告。这样做，尽管文章洋洋洒洒，并且得了奖，但是研究工作并没有认真地进行，于学校教育工作没有帮助，广大教师也没有参与，得不到真正的帮助，失去了学校教师参与教育科研的真正意义。

很多学校不顾学校的实际研究能力，选择课题时盲目贪大求全，动辄××教育，看起来非常丰富多彩，系统完整，实际上无法操作，缺乏可行性。于是东拼西凑，以点概全，书出了不少，

但大体雷同，缺乏新意。对于与教学密切相关的具体而微的小课题不屑一顾，脱离了教学实际，不解决具体问题。这样的研究，同样无助教学和教师的成长。

那么，教师和学校在科研方面到底应该建立一种什么样的关系呢？

对于学校来说，培养科研型教师是学校发展和建设的需要。随着教育形势的发展，各级各类优秀学校也在迅速崛起，学校要保持自己的优势和特色，在新的教育改革与竞争中永立潮头，实现学校的可持续发展，就必须建设一支科研型的师资队伍。

培养科研型教师是教育改革与发展的需要。当前，我国教育正面临着一场深刻的改革，面对实施素质教育的新要求，教师要有全新的教育理念、科学的教育方法，在教育教学工作中努力地创造性地去实践、研究和发展。能够担当起这种探索重任的教师，必须也应该是科研型教师。

同时，教师从事科研不仅仅是本身职责所在，也是自身专业发展的重要内容。

学校和教师两者是相互依存的关系，二者只有相互协调才能取得长远发展。

学校在研究课题的选择方面，一是着眼于实际，从教学实践中发现问题，从教育理念碰撞中，从教学反思中提炼问题；二是依托新的教育理念，把准教改动向，密切关注国内外教育改革的热点进行选题；三是组织学校教育科研力量对国内较有影响的教育科研成果进行分析、研究，筛选出确有价值，并符合学校实际，并能解决学校教育教学中的现实问题的科研成果，组织力量进行推广和运用。

尽管我们说教师要研究自己的问题，但也要顾及学校的研究课题。学校要改革、要发展，就必然会提出学校的研究问题。而要实现学校的发展，又需要教师来研究学校的问题。

把学校需要研究的问题转化为全体教师研究的问题，就学校来说，需要注意这几个方面：

首先，学校确定的研究问题要基于教师的需要，要从教师面临的困难入手，最好把教师的问题归结起来，从中提炼出学校所要研究的课题。

下面是一个进行"小现象、小策略"研究的例子：

"开学一周了，大家最经常遇到的问题是什么？"老师们七嘴八舌，谈了很多：学生上课时不能安静听讲、准备整队时前后左

右随意说话、课间操部分学生只顾说话不认真做操……这是某小学一年级组 11 位老师参加研究活动的一个情景。

在这次研究活动中，所有老师讨论后一致同意把"学生随意说话怎么办"定位研究课题。怎么应对这帮淘气的学生？一些有经验的老师介绍了"讲故事"法、"儿歌法"等，最后大家总结出 6 个小策略。这次活动后，老师们尝试把这些小策略应用起来，起到了一定作用。但仅仅过了 3 天，又有老师提出问题："学生只想听我的故事，一上课就大叫'老师讲个故事吧'，一节课经常被学生打断，影响了教学任务的完成。"

面对这些新问题，怎么办？老师们又进行了一次交流，并总结出了一些策略。"问题—反思—策略—实践—新问题—再反思—新策略—再实践"，就是在这样的研究历程中，教师们从"学生作业不能按时完成"、"课堂上学生不发言"等教学小现象入手，开始研究解决这些小现象中存在问题的小策略，系统开发、积累成策略库，供教师们共享。为了促进反思和分享，每一项策略都建立在一个教学小故事上，校长负责将教师的故事收集起来，每个月对每一位教师的故事点评一次，帮助教师从故事中发现问题、找出原因，并共同找出应对策略，有效引领了教师的发展。

其次，要在研究目的中明确教师的发展目标，并使教师认识和理解研究这些问题对自身的意义和价值。

再次，要做好组织和发动工作。

最后，还要尽可能为教师参与学校的课题研究创造条件，比如提供时间、经费、信息资源，以及讨论交流等条件。除了这些，还有一个值得注意的问题，就是要创造一个宽松的研究环境，鼓励创新就要宽容创新中出现的失败、改革中的失误，要让教师敢于研究，敢于尝试。

就教师个人来说，首先要意识到承担学校工作包括科研任务是教师应尽的责任，它是爱岗敬业、关心学校的一种具体表现。其次是转变心态，要自觉、主动寻找参与学校课题研究工作对自身发展的意义和价值，在学校课题研究中为自己专业发展找到目标和位置，寻找学校的研究问题中自己可以参与的子课题。再次是把实践工作按照研究的要求来做，注重日常工作的思考和创新，注重对实践活动的总结和反思。

第二节 加强科研交流与合作

教研活动是教师走上教学科研的摇篮，是运用教育理论对教育、教学实践中存在的问题进行研究、探索，并通过实际操作获得解决问题途径的重要过程。随着科学技术的飞速发展，单枪匹马或只靠少数人是难以取得高水平的科研成果的。

但调查显示，很多教师都缺乏这种合作交流的习惯，究其原因主要有以下几个方面：

1. 教师的职业特点

在传统的教育教学模式上，由于教师工作的独立性和个体性特点，教师的日常教学工作通常是在独立状态下完成，客观上难以形成合作关系，造成了教师合作交流精神缺乏和团队意识淡薄。另外教育行政部分和学校以年级和学科为单位对教师进行评价、考核，更加剧了教师间的竞争关系，影响教师团队的凝聚力。

2. 工作负担过重

工作负担过重是导致教师间合作交流缺乏的又一个原因，受应试教育的影响，学校社会对成绩深切关注，各种评比从不间断，教师承受到较大的升学压力，对学生成绩不敢掉以轻心，常常是通过"精讲、细讲"和大运动量的解题练习来提高学生的成绩，可以说天天忙得晕头转向，筋疲力尽。沉重的工作负担和工作压力使教师们在学校的大部分时间被用于备课、上课、批改作业和课后辅导，没有功夫进行教师间的合作交流。

3. 传统观念束缚

长期以来，受传统教学观念的束缚，在许多教师看来，只要自己认真备课，就自然能上好课，依靠个人的力量完全能解决课堂中出现的问题。至于教师间的合作交流，则退居其次，甚至认为根本就是不重要。这在传统意义下可能行得通，但在新课程的背景下是没有生存空间。

教师进行教育教学研究没有合作交流是很难成功的。树立良好的协作意识，是对教师的必然要求。教师要善于与其他科研人员配合与协调，既要讲分工又要讲合作，既能当主角又能当配角，要有严于律己，宽以待人的襟怀，克服个人主义，排除私心杂念，主动协调好内外部的各种关系，只有这样才能为搞好科研

创造良好的条件。

教师之间的合作可以从以下几个方面展开：

1．教研组利用教研活动时间学习教育教学理论，学习兄弟学校和老师的教改经验，交流学习心得，探讨教育教学中的疑难问题和重点、热点问题等。

2．备课组成员之间的互相交流，共同分析教材，在教学内容、教学进度、教学重点和难点、教学要求和思考题基本统一的前提下，根据个人教学的风格和教学对象的特点编写好教案，上好课。

3．开展说课制度。通过同一教材、教师之间的互相说课活动，把握文章的重点和难点，确立最佳教学方法，设计最佳的课堂提问，寻找最佳的答案，从而达到最佳的教学效果。

4．互相听课、评课。参加听课活动，客观地评价课堂教学情况，并对执教者提出中肯的改进意见，从而达到共同提高的目的。

5．利用现有的信息技术手段，尽力达到资源共享。

具体到教师科研中，教师的交流合作可以从下面几方面具体展开：

1. 以自我反思为前提，在同伴互助中进行合作与交流。

同伴互助中合作与交流应遵循的基本原则：

①独立思考，不人云亦云。参与活动之前要进行深刻的反思，理清思路，以便对自己的观点作出尽可能详尽的说明和阐述，并提出有价值的研究问题；

②尊重他人的意见，正确看待观点的碰撞和交锋。努力将自己的感受、体验与别人的感受和体验进行融合，如难以兼容，则可保留不同意见，待进一步研究解决；

③当个别成员由于种种原因难以融入群体时，同伴有责任帮助其尽快参与到研究活动中来；

④遇到困难时，要加强合作，互相帮助，群策群力，共同攻克难关；

⑤善于发现同伴的长处，学会欣赏他人的能力，不孤芳自赏，以利交流与合作的顺利进行。

同伴互助中交流与合作的基本形式：

①学科或学年组内的交流。这是使教师全员参与校本教研并提升每位教师交流能力的一个有效途径。

②学科或学年组内的合作。这里的合作主要指合作备课，共

享课程资源。合作备课可充分发挥教师们的团队精神，群策群力，使之在互补共生中成长，在互动合作中发展。由于每个人认识事物的角度和深度各有不同，所以针对某一节课大家会从不同视角提出各种意见和建议。根据这些意见和建议进一步研讨，将大家的智慧整合起来，形成一篇教学设计。由组内教师轮流试教，组内评议之后修改教学设计，再试教，再评议，再修改……这样经过反复多次的合作研究，就会呈现出一篇篇生动、精彩、充满时代气息、体现新课程理念的优秀教学设计。积极营造出一种互相激励、互相支持和互相帮助的科研氛围，学会用集体的智慧来研究和解决教育教学中的问题。

③打破学科界限的交流与合作。以往的单科教学中，教师可谓是"个体工作者"，由于学科的独立性，与其他学科的教师几乎没有业务上的往来，缺少互相了解和交流的机会。而当下基础教育课程改革十分关注综合性学科的开设及对学科间内在联系的研究，这就需要我们打破这种学科教学故步自封的局面，进行跨学科的交流与合作。

2. 以同伴互助为基础，在校际互动中进行合作与交流。

校际互动是整合和共享学科教育资源、学校教育资源、教师资源，促进学校和教师发展的切入点。学校可带着课题进行专题性联合教研活动，校际之间既有分工，又有合作，形成合力，协同攻关。同时，校际互动还应充分发挥名校的辐射作用和名师的引领作用。

3. 以新的理念为支撑，在专业引领中进行合作与交流。

教师教研虽然是"以校为本"，但参与研究的人员决不能局限于本校教师和邻近互助学校的教师。专业研究人员提供的技术支持和专业引领也是必不可少的。专业研究人员主要指各级教研人员、科研人员和大学教师。他们介入校本教研会为校本教研带来新的信息和理论支持。通过它们的指导和帮助，进一步明确自己的教研方向，丰富自己的理论知识，提高自己的研究能力。

福建沙县实验幼儿园的教师们在教师科研的交流合作做得比较好。虽然是幼儿园的教育教学研究，但其经验依然值得我们借鉴。

一、教研组是教师合作学习的有效载体

教研组作为学校教研的基层组织，对教师的培养成长有不可替代的作用。幼儿园的教育教学工作最重要的基础还在于教研组的建设。只有以组为载体，以"研"为中心，才能促进教师间的

合作，提高教育教学质量。首先，我们改变以往的一人讲座的教研模式实施教研轮值制，将教研内容交给全体教师，由教研组、年段、班组、课题组自拟题目，找出共性问题，作为研讨的内容，教师轮流主持教研活动使教师的角色由"接受者"转为"互动者"用互动对话的方式，相互提问题、谈见解，遇到难题，主持者上网查找资料，通过局域网为教师提供理论学习资料，解决教育教学中产生的问题，提升教师的专业水平。其次，每位教师都是活生生的个体，都具有不同的能力和个性。在实际工作中都会遇到这样、那样的问题和想法，他们需要一个能施展才华、发挥能力的平台和宽松的交流合作的氛围。因此，我们鼓励由骨干、老教师在教研组、课题组中作为专业引领者，将自己的经验之谈和大家分享；新教师做到分层管理，分步培养，积极参与年段、班组的教研可以自由发表自己的见解，大胆地提出自己对问题解决的思路，锻炼主持能力与同事积极地互动合作，分享智慧，共同提高，建立一个"合作学习的共同体"。

二、"一课三研"是教师交流合作的有效途径

"一课三研"是教研组开展教研活动最常见的形式之一。它是一种融学习、实践、反思、总结于一体的研讨活动，是让我们

教师在实践、研讨中学会反思，在反思中逐渐改进自己。新教师上岗课，青年教师成果汇报课，骨干教师经验展示课等都与此有关。它可以使教师在教学中与同事交流合作，汲取他人成功经验，反思自己的不足，厚积薄发，从理论和教学方面提高自己的水平的一个过程。"一课三研"是研究学习的有效载体，是教师交流合作的有效途径。每一次的课例分析，教研组长要以一个问题作为教研的中心议题和可能达到的目标，要体现的新教学理念和新课改精神，都必须通过教师间的交流合作才会得到落实，才会发挥效益。交流合作在"一课三研"中发挥着不可替代的作用。执教人和指导教师之间，听课教师与执教人之间，听课教师与听课教师之间需要交流合作；组长与教师之间总结得失需要交流合作……在这个过程中，评课环节十分重要。每一次课例评析，活动目标要更加清晰，每个环节、内容及材料都要根据每一轮的活动目标有不同的调整，教研组长要组织教师针对活动方案中的目标和重点及环节的细节问题进行研讨，步步深入。通过主持人发言，执教人说课、反思，指导教师补充，听课教师从多方面多角度进行评析，教师之间交流意见，最后组长总结，形成经验。可见，教师的交流合作程度直接影响着教学教研的效率。

三、交流合作是课题研究的中心所在

课题研究是校本研究的主要模式之一，是教育科研的龙头，是以课程实施过程中的教师所面临的各种具体问题为对象，以教师研究为主体，理论和专业人员共同参与，强调理论指导下的实践性研究。研究的问题繁杂琐屑。所以，课题研究一般避免单干，要求教师以集体为单位参与并在研究过程中加强交流与合作。开展课题研究，有利于形成良好的教研风气，提升教研组的整体实力。因此，交流合作通常被视为课题研究的标志和灵魂。我园是怎样利用课题研究来促进教师间的合作呢？首先，组织成立课题小组，对小组成员进行具体地分工，课题组收集一线教育教学中急需解决的问题筛选后确立主课题，在围绕主课题确定若干子课题。课题必须符合学校实际并有前瞻性。其次，课题组长组织教研组长、年段长研究子课题，开展相关课题的理论学习，如课题研究着力表现的教育理念和先进的教学方法等，以指导教师开展研究性学习。年段长组织教师开展中教研，把子课题带入教学工作中进行实地研究，开展一系列听课评课等活动。在这个环节上，个人备课与集体备课相结合，个人实践与听课评课相结合，个人反思与交流研讨相结合，个人体会与专题成果相结合。

这样做，教师之间才能不断进行双边合作，交流所得，达成共识。为了更好地促进教师间的交流合作，课题组长可以从教师参与度、专题研究过程中的表现以及专题研究成果等具体情况对组员进行自评互评式的检查和考核，以保证专题研究按时有序地开展。最后，园内通过相关制度对参与研究的教研组进行考评和奖励。评出优秀教研组和主要研究人员，既突出集体的智慧和力量，又表彰了优秀的研究个人。通过开展专题研究，教师之间的交流合作机会增多了，教师在教研中学到的东西也多了。在教研中学习，在学习中进步。组员间团结互助，一个有凝聚力和战斗力的集体就形成了。

现代社会不是靠个人打拼的时代，是一个需要高度合作的时代，群体力量、相互的提携、同伴互助、集体的共勉，才会让我们进步。

第三节　师生互动

社会在进步，教育在发展，作为教育工作者应不断更新教育理念，提高教学水平，在教育教学过程中以学生为主体，在知识

的探究与获取过程中对学生进行综合能力的培养。使学生不仅获得一定的基础知识，同时也培养学生强烈的求知欲望，并让学生有能力自己学习，有能力找到所需要的知识，有能力吸收这些知识。教师在教授学生的同时自身的能力也得到了提升。教师在教学过程中与学生积极互动，求得共同发展。著名学者徐惟诚先生在给《爱心与教育》的序言中写到："（教育者）首先要认清自己的教育活动的目标，不是一张张的成绩单，不是一堆分数，不是高一级学校的录取通知，而是活生生的人，是人才，是能够在未来社会中站住脚跟，开创事业的人才。这样的人才，不仅要在学校里读书，通过读书获得一定的扎实的知识，更需要终身有读书的兴趣，求知的欲望，并且有能力自己学习，有能力找到所需要的知识，有能力吸取这些知识。"教师进行教育科研的最终目的是要回归到教学当中去，实现学生"人的发展"。

俗话说："亲其师而信其道"。教育家加里也指出："教师与学生的关系是一种特殊的人际关系，是一种区别于父子和母女，区别于兄弟姐妹，区别于朋友同事的关系，在教育活动中不可忽视。"和谐的师生关系是激发学生学习的积极性、能动性、创造性的原动力，有利于提高课堂的教学效率和学生的学习效率。作为一线教学的教师来说其科研课题和研究方向主要是学生和课堂教学，因此，和谐的师生关系也就成为教师科研顺利进行的前提。

"知人才能善教，善教须知人。"要做好教育教学研究，首先需要了解学生才能全面摸清学生的脉搏。每一个学生对于教师来说都是求之不得的财富，他们为教师科研提供了一手的研究资料。有很多教师会简单地认为，学生就是自己管理的对象，教育的对象，征服的对象。教师只有付出，只有牺牲，毫无回报，毫无收获。实际上，这种认识是肤浅的，错误的，这样不利于自己对学生的认识，也不利于教育管理，更不利于自己业务水平的提升。过去的错误认识必须改变，必须转变。教师要把学生当作自己最重要的财富，当作最重要的资源，不可浪费。每一个学生都是一个鲜活而又独特的研究个体，每一个学生都是我们教师需要认真解剖的对象，每一个学生都能为我们提供最有价值的研究信息。因此，我们不要嫌弃每一个学生，不要抛弃每一个学生，不管是什么样的学生，不管是怎样的学生，都应该认真对待。实际上，越是特殊的，越是宝贵的。越是特别的，越是最有研究价值的。比如，对一些学生做长期跟踪研究在学生中确定一两个人，做动态的研究观察，对他们学习状态进行观察和记录，每周与他

们交谈一次，熟悉他们的学习心理成长过程，这样有助于我更好地了解学生的学习动态和他们的心理学习需要。

下面是一个教师对班上一个学生的研究发现：

研究对象：赵庆梅

情况分析：从四川迁来，从小失去父亲，母亲是个重残人，姊妹多，兄妹二人都刚上二年级，家中没有劳力。仅靠出了嫁的姐姐帮忙救济。日子可真是难熬啊！家贫，没钱买笔墨纸张；没钱交生活费；从来没买过一件衣服……缺乏家庭的温暖，没有好的环境，没有良好的家庭教育，因性格自卑、内向，也没有交上朋友。加上学习基础差，特别是拼音一个也不认识，这无疑影响了学习兴趣和学习效果。

寻求对策：

一、在班上发出倡议：人人献出一点爱，哪怕是一支笔，一个本子，或是家中哥哥姐姐穿旧的一件衣服、鞋袜等。个个主动和她交朋友。一起学习，一起游戏。

二、给她找一个有爱心、有耐心的小老师，与她同桌，帮助她的功课。教她一些好习惯。

三、多找她交心谈心，多给她锻炼的机会，多给她一些鼓励、给她一些自信，尽量找出她的优点，及时给予肯定和表扬，让她享有成功的喜悦。

教师教育研究的目的，就是更好地教育学生，为学生找到成功的最佳途径，为教师自己找到教育管理的最佳突破口。

我们平常的教育比较盲目，比较粗糙，比较简单，随意性比较大。动不动就给学生下命运判决书，就一棍子把学生打死。这样，我们不但不会从这些宝贵的资源身上获得一点成果，更重要的是造成资源的巨大浪费，更重要的是没有取得教育的最佳效果，有时甚至给学生发展带来很大的精神负担，有的甚至坑害了学生。

教师科研需要科学、严谨的态度，灵活的方法和策略，不能随意，不能想当然。学生不仅是教师教育的对象，同时也是促进教师成长的有力推手，适当地向学生学习也会对教师的教学研究工作有所帮助。

案例：

一名新参加工作的教师讲述了这样一件事。在她讲授古诗《题西林壁》时，为帮助学生理解"横看成岭侧成峰，远近高低各不同"的诗句，曾专门设计了在黑板上画图的方式进行教学。

没想到这个设计上课时被学生否决了，一个学生提出可结合军训队列理解课文。每一个学生的头就好比一个个山峰，军训队列齐不齐，同学本身看不清（因为每一个学生只能看到周围几个同学），而老师和教官站在队列外，自然能看到"横看成岭侧成峰"的整体队形，而站在队里的同学则"不识庐山真面目，只缘身在此山中"了。这个老师后来想：原来精心准备的画图没有派上用场，开始有些失落。但见到学生争相上台演示并积极发言的场面，心情才逐渐平和下来。反思以前一些课，教师讲得很热闹，但学生却反映冷漠，究其根源是自己备课时"以教师为中心"设计的教学过程。

由此我们可以发现，在师生、生生之间的相互活动和对话中，在学生经历和知识形成的过程中，教师和学生都能获得知识、技能、情感、态度、价值观的体验。

第七章 教师进行科研的要求

上帝给了我们一对眉毛和一对眼睛，他们是平行的，所以让我们必须对人对事一视同仁。

上帝给了我们一对耳朵，一只在左，一只在右；所以让我们必须多听取众人的意见，不能只听他人的一面之词。

上帝给了我们一个鼻子，但他有两个鼻孔，所以要求我们对人对事，要有自己的独到见解，而不必一味着和别人一个鼻孔出气。

上帝给了我们一张嘴，一根舌头。所以我们要求不能说两面话。

上帝只给了我们一颗心脏，但他分左右心房；所以我们做事时，不但为自己着想，也应该多为我们周围有关的人着想。

这则故事讲的是上帝根据人的天性对人的要求，是保证人类

能够幸福活下去的理由。也可以说，这不仅仅是上帝对人的要求，而是人要幸福生活就需要按照事物本身的要求来规范自己的行为。

教师科研成果的多少和好坏，除了要求教师要具备的科研意识之外，还要求教师要具备深厚的知识储备，有自己的理想追求，在科研过程中有不畏艰难的科研精神，还要遵守最起码的道德准则以及人文关怀的精神。这些都构成了进行教师科研的必须条件和基本素质。

教育的对象是人，教育研究的对象是由人构成的教育现象。教师进行科学研究可以说最终是为了"人"的研究，这既是一种科学的研究也是一种人文的研究。

所以，教师在进行教育科研的同时要具备科学研究精神和人文精神。科学求真，人文求善，科学精神与人文精神并不矛盾，科学追求真理，认识教育的现象和本质，然后又反作用于教育，最终完成"人"的发展。

第一节　教师科研要有深厚的知识储备

一所学校对教师提出了以下六个问题：

1. 我们有"一桶水"几年前、十几年前甚至几十年前的"一桶水"，经过长时间不断倒给学生，加之"跑冒滴漏"，到底还剩多少？我们自身对知识的遗忘率和知识自身的增长率一样，是非常惊人的。我们不能守着这半桶水甚至很多人还不到半桶水度过21世纪！

2. 在科学、文化飞速发展的今天，仅有"一桶水"够不够？

3. 即便有了"一桶水"，那已有的"一桶水"的水质如何？是优质矿泉水还是普通自来水？是活水还是死水？

4. 有了"一桶水"是否就一定能给学生倒满"一杯水"？不掌握教育科学，即使有"一缸水"也不一定能倒满学生的那"一杯水"！

5. 同样倒给学生"一杯水"，我们所付出的劳动和所花费的时间一样吗？这里有一个效率问题，我们是"高投入低产出"，还是"低投入高产出"？

6. 学生的那"一杯水"一定得由教师"倒"吗？教师是教学生学会"取水"还是教学生等着"倒水"？我们的学生有没有"汲水"的本领。

作为"人类灵魂的工程师"，我们只有不断充实丰富自己，不断研究探索，才能适应时代的要求，不断更新知识，提高自己多方面的能力。

当今社会，现代科技的发展日新月异，教育科研也必须适应这一新的形势，抓住机遇，勇敢地面对挑战。

首先，教师要掌握本专业的基本理论、基础知识和基本技能，了解本学科的历史、现状、发展趋势和最新的研究成果。专业知识在一个人的知识结构中是起主导作用的，它能帮助人取得事业的成功。一般来说，一个优秀的教师，必定对本专业比较热爱，专业基础知识比较扎实并具有一定的深度和广度。教师只有在具备了比较精深的专业知识后，才能透彻地理解教材，灵活地处理教材，准确地讲授教材。教师对自己所教的专业课程应该了解和精通。对专业知识的了解和掌握要全面、系统、精湛、深刻，不能一鳞半爪，只知其一，不知其二。刚刚走上教学岗位的教师也不要以为在大学里学到的那点知识就足以应付以后的一辈子教学，就可以一劳永逸。

现代社会知识更新的速度很快，传统的、基础的知识要掌握，现代的、全新的知识更要了解和掌握。因此，教师应该不断地学习，孜孜以求，刻苦钻研，要有足够的知识储备，"要给学生一杯水，自己首先要准备一桶水"。

其次，优秀教师既应该是教学工作者，又要是科学研究人员；不仅要具备深厚的基础知识和跨学科的知识，还要对自己所教学科有比较透彻的了解和较深厚的知识储备，同时还要掌握和了解本学科的先进成果，站在学术最前沿，并对学科建设有一定的贡献，取得一定的科研成果。

基础知识在这里是一个广义的概念，是指除专业知识以外的一切知识，包括哲学、社会科学和自然科学知识。唯物辩证法告诉我们，客观世界的万事万物虽然千差万别，但又是普遍联系着的。每门学科虽然各有各的系统，相互独立，名称各异，但是它们并不是彼此孤立的。随着科学技术的进一步发展，各个学科之间的联系正日趋紧密，很多边缘学科不断出现，学科与学科之间相互联系，相互渗透。在当今社会，如果有谁只对单一的专门学科感兴趣，对其他学科知识一概不闻不问，那他一定不能成为一

151

个优秀的教师。现代社会要求教师能够跨学科学习，打破封闭式的知识结构，摆脱狭窄的专业知识的局限，以不断充实、调整自己的知识结构。

比如，语文教师就应当成为"语文的化身"。"语文"指语言文字的知识与文学常识。不是仅仅是指对课本上那些课文的字词句段篇的认识，语文老师要具备一定的古代汉语、现代汉语、文学理论的基本知识，对于各种文体要有准确把握的能力。比如面对一篇童话，语文教师首先要知道什么是童话，基于童话体裁应该如何教学。这正如美术中的素描课，老师的课堂要有素描课的特色，而不能用油画的方法来教学一样。童话课应该上出童话的味道；诗歌应该上出诗歌的感觉；散文要有散文的特色。不同的文学作品应采用不同的格调来设计课型，讲《荷塘月色》那样文质兼美的散文绝不能等同于《赤壁之战》那样历史背景的了解、人物形象的分析、场面描写的欣赏。基于文本的文体特点来体会文本表达的特点，是需要教师深思和加强的。

一个有魅力的语文教师，不但要"渊"，而且要"博"，不但要有扎实的专业知识，而且要了解相关的学科知识，如政治、历史、音乐、社会甚至于美学等以及理科的一般性知识，要晓天文、通地理，这样才有可能在新课标、新角色面前站稳脚跟，才能游刃有余。比如特级教师于漪在讲《木兰诗》时，有个学生认为"同行十二年，不知木兰是女郎"是不可能的。古代妇女都缠小脚，一洗脚不就看见了吗？于老师说："南北朝时期的妇女，还未包小脚呢"。学生接着问："中国妇女裹小脚到底是什么时候开始的？"这个问题已远远超过课文内容的范畴。于老师说："弓足"源于五代。学生的问题得到了解答，非常高兴，对老师又多了几分敬意，无形中产生了很大的教学魅力。

同样如此，教师进行教育科研是立足于教育实践，在实践中探索，将经验提升为教育理论。这单凭教学经验是远远不够的，还需要扎实的专业知识和广博的基础知识，以及涉足的研究领域内的最新的专业理论知识作为支撑。所以，教师科研必须具备深厚的知识储备，不断地吸收新知识来充实自己。

第二节　教师科研需要有理想追求

每当听到"冲破大风雪，我们坐在雪橇上，快奔驰过田野，我们欢笑又歌唱，马儿铃声响叮当，令人心情多欢畅……"这首

朴实、欢快的《铃儿响叮当》歌曲时，总是肃然起敬的怀念其作者——美国人约翰·皮尔彭特先生。

19世纪初，约翰·皮尔彭特从著名学府耶鲁大学毕业后，遵从家里长辈的意愿，做了一名教师，然而，生性善良的他对学生总是爱心有余而严厉不足，这在当时保守的美国教育界看来是一件无法容忍的事。因此，他很快结束了教师生涯。接下来，他当了律师，准备为维护法律的公正而奋斗。但这一美好的愿望，最终毁掉了他的律师事业，他常常因为当事人是坏人而推掉送上门来的生意，从而把优厚的酬金白白的让给别人。但是，如果是好人受到不公正的待遇，他又不计报酬地为之奔忙。这些都违反了当时美国律师界"谁有钱就为谁服务"的行规，因此，他不断地受到同行的排挤，最后不得不离开。他的第三个职业是纺织品推销商；假如他从以往的挫折中吸取教训，也许会很快成为一个有钱人。然而，江山易改，禀性难移，他根本看不到竞争的残酷，总是在谈判中把利益让给对方，而自己吃亏上当。最后，皮尔彭特改行当了牧师，试图为人们的灵魂向善尽一份力。然而，又因为支持禁酒和反对奴隶制得罪了教区信徒，被辞职。

1886年，81岁的皮尔彭特与世长辞。他的一生，似乎一事无成。然而，在一个圣诞节的前夜，作为礼物，他为邻居的孩子们写了《铃儿响叮当》这首歌。尽管没有耶稣，没有圣诞老人，但朴实无华的词曲表现了一颗美好的心灵和对幸福生活的向往，因而被人们广为传唱，以至成为今天西方圣诞节里不可或缺的一部分。皮尔彭特先生偶而为之的作品，为什么会产生如此强烈的震撼力呢？或许因为那是他生命的声音。他始终相信生活是美好的，并为其苦苦追求了一生。尽管他没有获得成功，但他的理想和追求震撼了人们的心灵。

从约翰·皮尔彭特的人生我们感悟到：不管一个人的事业如何，生活如何，重要的是要对未来充满理想。理想是人们对美好未来的向往和追求，理想是人们从事各种活动的动力、源泉和精神支柱，只有在理想的激励下，人们才能在追求理想的过程中不断迸发出智慧的火花，产生创新的行为。

理想的探寻过程其实也是一个人不断完善自我和超越自我的过程，亦是社会发展不可缺少的前进动力。对于教师来说，尤其需要理想的指导。阅读朱永新教授的《我的教育理想》，总会为它感动。那份理想对一个人成长的重要让我们触手可及；那份对教育过去、现在的理性思考，对未来教育诗意般的憧憬和理性的

趋势分析，用盛满激情的理想剖析今天的教育得失，用写满诗意的理想折射明天的教育光芒，用充满活力的理想展望新世纪的教育曙光。那种对理想的学校、理想的教师、理想的校长、理想的学生以及理想的家长的定义让我们如醍醐灌顶。

对于教师，其要求已不单单是"传道授业解惑"，更要求教师能够将授课知识与个人发展及"革新者"等几重角色融合为一体。使自己的人格及教育教学水平得到升华，以适应科技更新极其频繁的未来。或许正如一首小诗《理想中的老师》中所写的："是你，我的老师，是你微微的低吟，连接着意识与真理，连接着历史与文明，连接着我们与明天"。

做一个有理想的教师，应该是胸怀理想、充满激情和诗意；应该是自信、自强，不断挑战自我；应该是善于合作、具有人格魅力；应该是充满爱心、受学生尊敬；应该是追求卓越、富于创新精神；应该是关注人类命运，具有社会责任感。只有一个对教育事业和教学工作充满理想的教师，才能在教育科研中发现问题，解决问题，才能推动教育教学事业的进步。

第三节　教师科研要有人文关怀精神

人文精神是一种普遍的人类自我关怀，它是整个人类文化所体现的最根本的精神，以追求真善美等崇高的价值理想为核心，以人的自由和全面发展为终极目的。这种精神形成于人类认识自我、发展自我、完善自我以及自我需要过程中，并规范、指导和约束着人类自身的各种活动。它无论在人类整体还是个体的进步中都扮演着"使人成其为人"的重要角色。但在技术社会和信息社会的背景下，人文精神的缺失成为当今人类文明进程中的一大缺憾，也是学校教育的一大缺憾。实际上，国际竞争的加剧、科技的快速发展与高度融合更强调以合作、关心、综合为主要特征的人文精神，和科学技术一起推动人类社会的可持续健康发展。很多人已经开始意识到这个问题，教师对人文价值的追求可以说是此挑战的一个积极应对。

教育科学是为人的科学。要想成为一名优秀的研究型教师，必须首先树立人本思想，人文关怀精神。

举个例子来说，出几个题目让学生回答，马上就可以知道，

他有没有读过《红楼梦》、读得认真不认真；如果题目出得再好一点，还能检验出他在读书时有没有独立思考的习惯以及经典中的人文精神多大程度上内化到他自己的思想感情中去了。这样，那些名目繁多、层出不穷、淆乱视听、败坏胃口的语文训练测试资料自然会被扔进垃圾堆，久违了的人类文化文学精品将出现在教室的课桌上和学生的书包里，学校和教师都会想方设法给学生时间和自由，为他们创造条件，给他们方法指导，组织形式多样的读书报告会。研究、讨论、交流、演讲、辩论等等将成为校园里一道道亮丽的风景，很快便会形成一种自由的学习风气。

智慧的人文关怀应该学会保护。教师要像保护荷叶上的小露珠那样细心保护学生，保护学生的自尊、人格，保护学生的创新发展、独特思维，保护学生想做"好孩子"的意识。保护的对立面是"挫伤"、"扼杀"，我们切不可追求教育的急功近利，让师爱变味，让"师爱"这支利箭封杀学生的可塑性发展。

"确保均衡性，促进学生全面、和谐的发展"是新课程改革的响亮口号，在教学层面上它追求认知与情意的统一，提出构建充满生命力的课堂，这是对过去学校教育教学中存在的过强的功利性、工具性、唯理性倾向的否定与纠正。从教育的本质意义上讲，学校教育应该培养的是"全人"或"一个完整的人"，而不是培养只得到某一方面发展的人，这也是教育的人文价值的体现。新课程改革可以说整个都弥漫着浓重的人文气息，它呼唤人文精神的回归，不仅是学生的，也包括教师的。

教师进行教育科研除需要具备人类基本的人文精神外，他的人文关怀还必须与教育这项崇高事业和教师这个特殊职业紧密融合。教师研究的目的应该出于对人的关心，出于改变人的处境和命运的动机，致力于人更加幸福的生活目标。只要真正把人的处境和困难看在眼里，放在心上，有了慈心也就有了慧眼，慈心生慧眼，我们就会对人周围的一切敏感起来，才会有不竭的研究动力和研究问题。因为教育的人文精神是教育的本质力量，也是教育的本源属性，它以人性发展的可能性为起点，以关怀人的全面和谐发展为核心和最高目标，让人成为一个人。在新的时代背景下，当代教师人文精神结构框架应该包含以下几个方面：

1. 丰富的人文科学知识

人文科学知识是形成人文素质的基础，正是人类千百年创造的艺术、美学、文学、宗教等人文科学荡涤着兽性、纯净着人性。

但长期以来人文教育受功利主义影响而得不到应有的重视，导致受教育者对中国传统的文化历史知之甚少，目光短浅，感情淡漠。我们教师也同样存在着人文知识的空白，知识面狭窄，局限于本学科有限的一点知识，思维僵化，不能融会贯通，工作内容、教学形式趋于教条化、课本化，对教书育人的认识和把握的层次较低，人格品位低下，凡此种种，对学生以及国家的长远发展无疑是不利的。因此，教师应该有意识地补充丰富的人文科学知识、不断提高自己的艺术、文学等造诣，消化吸收，使自己成为一个丰富的、有高尚境界的教育者。学校应该为此创造良好的条件。

2. 全面正确的教育价值观、知识价值观、学生观和教学观

教育真正的巨大力量存在于教育的本质、人性的本质、教育的人文精神中，对它们的不同认识和贯彻便产生了不同的教育价值观、知识价值观、学生观和教学观，进而导致了不同水平的教育成果。可以说，目前的学校教育还存在着不少背离教育本质与人性本质的情况。尽管作为教师，他无法完全去除制约教育本质发挥的一些深层因素，无法抗衡业有的顽固惯性，但是作为一个能够主动影响下一代灵魂的群体，他们有责任在现实和理想之间

寻求最和谐的发展与统一，获得最理想的教育效果。

教育人文精神的价值更多倾向于受教育者的情感和人格，而非某些人认定的为社会运转生产大量的技术分子和工具人。教育首先关注的是人，是培养具有健全人格、完整智慧、适应个体身心潜能发展的、适应社会各个层次需要的人，只有这样的人才能真正有效推动整个社会的健康进步。现今大力倡导的新课程改革真正体现了对"人"的关怀，学生不再是被动接受知识的容器，也摆脱了单纯为社会服务的功利性倾向，将人的发展与社会的发展统一在真善美的境界中。

"什么样的知识最有价值"是困扰人类千百年的问题。应试教育忽视了认识活动的主体，从纯理智范围内考察知识问题，而素质教育所认定的知识内涵包括了科学文化和人文文化两个部分，它主张科学与人文精神相统一的知识价值观。教师只有把握住知识的科学性和人文性，才能更好地钻研教材、挖掘知识中最有科学和人文价值的部分。

学生是教师的服务对象。一个具有人文精神的教师，首先应该承认学生是个独立的个体，要尊重每一个学生，其次要面向全体学生，对学生一视同仁，第三，注重对学生潜能的挖掘，激发

其能动性、自主性和创造力。对待学生，教师应该始终保持爱心、耐心和信心。

应试教育把教科书、教师、考试作为三大法宝，热衷于灌输、填鸭，将工具价值夸大到了极致。新课程则要求教师在科学的教学观指导下，把教学结构拓展到除课堂教学以外的实践体验和文化陶冶，在教学设计和教学过程中强调知识与情感的和谐发展，确立导学统一，因材施教的教学方法，实行多元化、多层次的教学评价，给予学生积极的肯定。

3. 现代教师意识

现代社会发展对教育的依赖程度相比以往大大增强，面对纷繁复杂的社会变革和教育自身的变革，现代教师应该以更高更广的视野来审视教育，迫切需要树立全新的现代教师意识：对人类民族命运的关注和责任意识、现代意识、全球意识、全人意识、信息意识、法律意识、课程意识、教育科研意识等等。意识指引着实际行为，教师一旦树立了这些意识并真正贯彻到自己的教育行为中去，才能正确把握时代的脉搏，教师所培养的学生也才能成为适应并推动社会发展的有价值的地球公民。

4. 高尚的道德人格和健康的心理素质

教育的真谛是育人，育人的核心是塑造人格、养成道德、培养人文精神。人格、道德、人文精神的获得更多地通过潜移默化的感染、熏陶，因此教师必须道德高尚、人格完整，这也是素质教育提出的要求，而且这种道德人格必须是建立在上述知识、观念、意识的综合融通的基础上的，这样的道德人格才具有巨大的教育价值和教育个性。

心理健康是现代人立足社会、生存发展的一项基本素质，教师的心理素质不能满足于平衡心理、愉悦生活的层次上，他更要以健全的心理素质去操纵课堂教学和课外教育活动，以从容不迫、游刃有余的理智去准确生动地感染学生，以自然真实的情感表达与学生产生心灵的共鸣，以形式多样的心理技巧增进教育教学的成效。

第四节　教师科研要有不畏艰难的精神

马克思说："在科学上没有平坦的大道，只有不畏艰苦，沿着陡峭山路攀登的人，才有希望达到光辉的顶点。"科研研究的

过程是一个漫长而曲折的过程，需要研究者付出很多努力。

2007 年，空缺了两年的国家自然科学奖一等奖颁发给了一群甘于寂寞的中国科学家——南京大学固体微结构实验室闵乃本、朱永元、祝世宁、陆亚林、陆延青等 5 位教授。从 1986 年至 2005 年，整整 19 年，他们埋头于介电体超晶格的研究，不断追求和创新，使一个冷门学科发展成了热门领域。而且，在这个领域，中国科学家引领了世界最先进水平。

人们常用"板凳要坐十年冷，文章不写半句空"来赞赏那些甘坐冷板凳、一心做学问的治学精神。搞科研正是如此，没有"板凳要坐十年冷"的耐力和韧劲，就不可能取得根本性的突破。闵乃本团队正是怀着对科学的深厚感情，才能 19 年如一日甘于寂寞、淡泊名利、甘坐冷板凳、演绎着最富色彩的物理创作人生，才能在 19 年的相当长时间里没有钟点、没有周末、没有假期、一有空就自觉地泡在实验室里如痴如醉地潜心研究，才能取得今天的辉煌成就、赢得崇高的荣誉。正缘于此，闵乃本获奖后接受记者采访时感慨地说："真正的科学家要耐得住寂寞。科学研究不能以功利为目的，当我们设想介电体超晶格这个研究系统的时候，根本没有预想到今天的这些成果，只是埋头做下去，越做越有兴趣。我们相信，真正的科学，到了一定的时候，一定会对人类有贡献。"此言道出了一个真正科学家的心声，让人感动！

自古圣贤皆寂寞。要想在自己的科研领域取得巨大成绩，决不能急于求成，更不能为名利所惑。据调查，2006 年度国家科学技术奖 75% 以上的项目经过 5 年以上的科研攻关，37% 以上的项目经过 15 年以上的长期研究。很多获奖项目的课题组在选准研究方向后，坚持不懈、淡泊名利、潜心研究，经过长期努力，最终做出重要的学术成果，获得了国内、国际学术界的共同认可。

教育科研同样如此。虽然对于教师来说，教育科研与教学活动紧密相关，具有不同于其他科研的特殊性，教师也不同于专门的研究工作者。但是，教师科研也并非阳光明媚，把教育科研当做是一件很简单的事情，而不愿意下苦功，遇到困难就大失所望，垂头丧气，是绝对不可能在此领域取得成就的。

教师从事教育科学研究同其他科研一样，也要付出艰辛的劳动。要想成为一名优秀的研究型教师，就必须要有克服困难的坚持精神和战胜困难的勇气，要不怕失败，勇敢面对别人的不理解，乃至于冷嘲热讽，耐得住寂寞，抱着"板凳要坐十年冷"的决心勇敢地把教育科研这条路走下去。

第五节　教师科研的道德准则

今天，我国教师教育科研取得了长足的发展，但同时也存在着一些不容忽视的问题。比如，抄袭剽窃他人研究成果，侵占他人科研成果；伪造篡改实验数据，重复发表论文；在教育科研活动和教育科研成果评价活动中弄虚作假、投机取巧，等等。从上海交通大学"汉芯造假事件"到浙江大学药学院的院士课题组造假事件，从清华大学医学院原院长助理刘辉把作者英文名字相同的他人学术论文归在自己名下，并在个人简历中加入虚假工作经历；到同济大学生命科学与技术学院原院长杨杰在简历中伪造论文资料，并将他人课题归为自己的成就的造假事件。面对泛滥的学术造假现象，中国工程院院长徐匡迪曾在院士大会上发出警告：院士群体科学道德面临挑战，科研学术腐败现象令人震惊。这种现象不仅仅存在于高等教育院校，即使是在从事一线教学的教师、基层教育研究人员的身上也有此种违背科研道德的事情发生。因此，加强教师自身科研道德规范是十分必要的。

教师进行教育科研要有严谨求实的科学态度。教育科学研究是对教育未知领域探索性的活动，来不得半点虚假，需要教师具有严谨求实的科学态度。正像邓小平同志所说："特别是科学，它本身就是实事求是，老老实实的学问，是不允许弄虚作假的。"那种主观随意、马马虎虎、弄虚作假的行为，是教师科研道德所不允许的。这样也就不会有真理、科学。教师在进行科研的同时，要加强自身的科研道德建设，严格遵守科研道德准则。

第一，要树立正确的科研道德观。科研道德是各种道德在科学研究工作中的特殊表现，是调整人们行为的一个特殊方面。树立正确的科研道德观是教师在科学研究活动中获得优秀科研成果必备的条件。现代科学研究来不得半点的虚假和浮躁，教师科研要发扬诚实守信，求真务实，学风严谨，学术创新，刻苦攻坚的风格，发挥主人翁和团队协作精神，把科研工作当成事业去追求。在具体工作中，课题负责人要严格把关，强化管理监督，在论文发表，项目执行等环节加大审核力度。科学实验数据要经得起推敲，学术论文要有足够的创新点才能够发表，做到宁缺毋滥

第二，坚持实事求是的精神。实事求是就是在整个研究过程中，不得有意地采用虚假的材料或杜撰的材料，不能在成果中做出虚假的报告，不得剽窃他人的劳动成果。在自然科学研究中，

强调科学现象和结论的可重复性、可验证性。在教育科研中，很难以可重复性、可验证性来要求科研成果中的真实性，这更需要研究者实事求是的道德自觉和自律。

教育科研是老老实实的事情，来不得半点虚假和捏造。必须一丝不苟、严谨治学，确保教育科研数据准确、论据充分、逻辑严密。那种马马虎虎，弄虚作假的行为，是为教育科研道德和法规所不允许的。

第三，尊重他人。尊重别人的劳动成果、尊重其他研究者也是教育科研中所必须遵守的一种道德准则。

对他人的劳动成果尊重主要是指：在引用他人的论著、观点或数据时，应该注明出处，不能把他人的成果据为己有；在引用时，要防止断章取义，导致误解。在发表科研成果时，要为做出创造性贡献且能对有关部分负责的人员署名，如果他本人不同意，就不能将其排除在作者名单之外。相反，如果在研究中没有实际贡献，就不能让他们署名，让没有实际贡献的人署名也属于违反实事求是的科研精神。

在研究过程中要发扬学术民主，鼓励学术争鸣。科学上有不同学派、学术上有不同观点，这是一种十分正常现象。尊重同行，不得阻挠和妨碍他人的研究。在进行讨论和学术争论时，应该坦诚直率，科学公正。在争论过程中要学会"不管在任何人手里寻找到真理，我都会表示欢迎和亲近，并且会轻松愉快地向真理缴械。当我看见真理远远向我走来时，我会立刻做出投降的姿态。"其正确的做法是：参加学术讨论，敢于发表自己的观点，虚心学习和借鉴他人的观点。

教育科研工作者相互之间的密切配合协作，组织共同攻关，显得越来越重要。这不仅是方法问题，同时也是科研道德问题。因此，要求在教育科研的协作共事中互相尊重、互相学习、互相帮助、优势互补、成果共享。

第四，维护学生的权益。在教师进行科研的过程中会有学生参与到其中来，这也是教育科研不同于其他科研的特殊之处。比如，教师进行作文改革，学生创作了一篇非常优秀的作品，该如何署名？如果产生相应的经济效益，教师应如何处理？若科技教师组织科研发明活动，学生作品获得国家专利，教师应如何对待？这些都可能涉及学生智力成果或荣誉权的侵权问题。因此，在教育科研中还应该时刻维护学生的权益。

教师科研过程中要注意保护学生的受教育权。《未成年人保

护法》第十三条条规定："父母或者其他监护人应当尊重未成年人受教育的权利，必须使适龄未成年人依法入学接受并完成义务教育，不得使接受义务教育的未成年人辍学。"第十八条规定："学校应当尊重未成年学生受教育的权利，关心、爱护学生，对品行有缺点、学习有困难的学生，应当耐心教育、帮助，不得歧视，不得违反法律和国家规定开除未成年学生。"

教师科研还应该保护学生受教育的平等权。《教育法》第四条规定："凡具有中华人民共和国国籍的适龄儿童、少年，不分性别、民族、种族、家庭财产状况、宗教信仰等，依法享有平等接受义务教育的权利，并履行接受义务教育的义务。"第二十九条规定："教师在教育教学中应当平等对待学生，关注学生的个体差异，因材施教，促进学生的充分发展。教师应当尊重学生的人格，不得歧视学生，不得对学生实施体罚、变相体罚或者其他侮辱人格尊严的行为，不得侵犯学生合法权益"

此外，还要注意保护未成年学生的个人隐私。《未成年人保护法》第三十九条规定："任何组织或者个人不得披露未成年人的个人隐私。"

最后，教师科研要保护学生的智力成果和荣誉权。《未成年人保护法》第四十六条规定："国家依法保护未成年人的智力成果和荣誉权不受侵犯。"

（附）中南大学 09 年关于科研工作者的道德规范

第二章　科研工作者的道德规范

第五条　科研工作者在科研活动中，应遵守下述科研道德规范：

（一）在研究课题的申报、计划实施及结题、验收等整个科研活动过程中，科研工作者必须诚实而为，并确保所提供的包括未公开发表数据在内的所有材料的客观真实性、准确可靠性、相对有效性；必须严格保存实验研究和调查研究中的所有数据和记录，以备查证；

（二）在科研的各个阶段，科研工作者应就其研究进度、成果质量与数量及其学术影响与社会反响等，按照相关规定定期向有关管理机构作出如实的说明；对于可能给人类健康、社会发展、生态平衡带来潜在影响的研究，科研工作者应积极主动和全力配合有关机构做出客观的评价，并把评价结果公之于众；

（三）科研活动中，应充分尊重他人的知识产权，发表论文或以其他形式报告科研成果中涉及引用他人成果时，必须注明出

处；引用他人论点必须如实标出，从他人作品转引第三人成果时须注明转引出处；不得发生捏造、篡改、剽窃等不端行为，也不得对他人的上述行为进行任何袒护；

（四）科研工作者应客观、公正、公平地评价他人的科研成果，尊重他人的名誉；对向自己的研究提出批评和质疑的，要以谦虚、诚实的态度对待；并以科学的方法证明其科研成果的正确性与正当性；

（五）在涉及人体的研究中，科研工作者应尊重研究对象的人格、尊重人权；应当保护受试人的合法权益和个人隐私，并保障知情同意权；

（六）在饲养管理和使用实验动物过程中，应遵循"减少、替代、优化"原则，科学、合理、人道地使用实验动物；

（七）在内部的科学交流与合作以及外部的社会交往活动中，科研工作者不得带有人种、性别、地位、思想、宗教等方面的歧视或偏见，应一视同仁、平等对待，尊重个人人格与尊严，诚实信用地与他人交流、合作；应当遵循"无私利性原则"，不得利用科研活动谋取个人不正当利益。

【注】本文资料引自中南大学网站

第八章　成为优秀的科研型教师

新课程改革要求教师要成为一名研究者，成为一名研究型的教师。

在传统的教学当中，教师的角色是大纲、教材的解说者、知识的传授者、灌输者，应对各种考试的组织者，教师可以凭借自己已有的知识和经验较好地完成教学任务。但新的课程改革在要求教师成为学生学习的组织者、引导者和合作者，成为一名研究者，成为一名研究型的教师。

对于相当数量的教师来讲，完成这样的角色转变，从根本上改革自己多年来形成的教学方式是一件十分复杂十分痛苦的事情，压力是很大的。这不仅是因为在应试教育下，教师已经形成了应对各种考试的有效的教学方式，还因为新课程对学生学习的内容和方法都提出了较以往不同的要求。新课程要求学生积极主

动学习、新增了研究性学习的课程，作为教学组织者在诸多领域的知识、方法和实践经验储备明显不足。面对新课程提出的新要求，教师只有一种正确选择，那就是积极应对，在教改实践中不断学习，使自己成为一名有知识、会研究、善创新的教师。

事实上，新的课程改革在对教师传统角色、传统教学方式形成前所未有的冲击的同时，也为教师成为研究型教师提供了广阔的发展空间，只要教师在教学中，把成为一名合格的教学工作的组织者、研究者、领路人，成为一名研究型的教师作为一种理念，作为一个追求的目标，在课程改革中是可以大有作为的。

要成为一名优秀的研究型的教师，首先需要理解教育科研，正确认识教师从事科学研究的意义，树立一种良好的科研心态。同时需要具备最起码的科研精神和科研方法。这在之前的内容中都有已经提及。

此外，教师要成为一名优秀的研究型的教师，还要具备科研素质。

做一个终身学习者，不断地进行知识的充电，坚持阅读，不断地提高自己的学养水平。当今时代，新知识层出不穷，知识更新周期不断缩短，每个人都要加强学习、终身学习。新课程的实施，更对教师的学习提出了更高的要求。

在科研过程和学习过程中，有意识地搜集整理资料，为将来的科研工作提供支持。养成反思的习惯，对教育教学、生活、研究中的各种问题都能形成一种反思，这对与教师科研会有很大的促进作用。

培养自我创新。只有教师富有创新精神，才能培养出创新人才。教师的创新不是建立在盲目实践的基础上，教育作为育人活动经不起挫折和失败，教育的失误会影响一代人甚至几代人。教师的创新是教师教育研究能力的反映，教育研究能力是一种源于教育实践而又有所超越和升华的能力，教育研究的根本目的就在于创新。

当然，中小学教师对学生各项素质的全面发展负有重要责任，因而，不能在提高自身素质时顾此失彼，而应着眼于整体素质的综合提高，在思想素质、道德素质、业务素质、心理素质等方面成为学生的榜样，通过自己的一言一行对学生产生积极的影响，取得更好的教书育人的效果。

总之，教师只要勤学不厌，勤思不怠，大胆试验，努力创新，就一定能不断提高自身的教育科研素质，把自己培养成合格

的科研型教师。

第一节　教师科研需具备的素质

　　教师工作是一种特殊的职业，她需要教师具备思想素质、专业素质、科研素质、教学素质等等多方面的素质才能面对，才能适应。如果缺少其中的一种素质，都将影响教师教学成绩或育人水平的提高。多年的实践证明，在众多素质中，科研素质是教师专业成长的必备素质，是教师成就职业生涯的基础素质。

　　什么是科研素质呢？所谓科研素质就是教师善于创新教法并具有学习实施新教法的能力，是能对自己的教育教学实践和周围发生的教学现象进行反思、从中找出规律性的东西并指导今后教学实践的能力，是能进行课题研究并能撰写教学论文用于指导教学实践的能力。有些教师教学多年，经常重复上课、批作业、辅导学生的单调工作，不能想办法提高或充实自己的科研素质，增加自己教师角色的内涵成分，始终停留在初为人师的水平上，是典型的专业没有成长起来的落伍教师。

　　如何提高教师的科研素质，使教师的专业成熟成长起来呢？

提高科研素质，还是离不开课堂教学和自己所从事的具体工作。离开自己所从事的具体工作，教学科研也就失去了其生存的土壤。

一、从课堂教学入手，提高科研素质。课堂是教师教学的主阵地，也是教师教育科研的主阵地。教师每天都要进入课堂"传道授业解惑"，如何"传道授业解惑"，如何面对不同个性的学生因材施教，如何教给学生学习的方法或技能，等等一切众多的与课堂教学相关的问题都是教育科研的热点问题。教师只要紧紧抓住课堂教学中的热点问题进行反思摸索，从而寻找出规律性的东西来深化课堂教学，就是最好的科研工作。长期如此，就能提高科研素质。大致可从以下三个方面寻找科研的突破口。

1. 探索课堂教学模式，形成自己的教学特色。课堂教学模式是指为完成规定的教学目标和内容，对构成课堂教学的诸要素进行组合设计而形成的特定程序。探究课堂教学模式，有利于提高课堂教学水平。比如一位教师在教授现代文秘班《应用写作》时，采用"演讲—引入新课—讲授—练习写作—讲评"的模式，上课效果较为明显。在抓演讲环节时，每天安排两名同学演讲，之后从学生的选题、稿件质量、演讲技巧等方面进行点评，学生

现场感受、体味演讲的重要性及演讲方式方法，学生的演讲能力提高很快。这完全可以作为一个小课题进行研究。所以研究教学模式是教师做教育科研的一个很好的课题。

2. 从阐释完善教学内容入手，寻找科研问题。教材由于编排内容的限量，往往阐释、注解不够。教师在讲授时，需要多加注释或补充一些知识点来辅助讲清教材内容。而这种阐释、注释、多加知识点的做法就是教师的教学创新。教学创新天天都有，教师若能及时加以归纳总结，就能丰富教师的科研素质。

3. 从总结教法入手，提高课堂教学效率。教无定法，不同的课程不同的学生要用不同的教法。教师在一生的教学生涯中，用多少方法教授学生很难统计，但善于总结创新教法是教师提高科研素质事半功倍的做法。

二、从所从事的工作入手，提高科研素质。教师不仅要承担课堂教学任务，还要从事服务、管理等工作，但即使是从事服务、管理等工作，只要用心思索也有许多科研价值值得研究。

1. 总结工作经验升华为理论，用于指导实际工作。任何一项工作都有规律可循，都有经验可得。能积累经验可使工作少走弯路，将积累的经验经过提炼梳理升华为理论而用于指导今后的工作是符合事物发展规律的。

2. 以"问题"作为课题进行研究，通过"研究"解决"问题"。工作中总会遇到许多难以解决的"问题"需要我们去研究，去寻找解决问题的途径和方法，我们的工作也是在解决这些"问题"的同时才得以推进的。若能将"问题"立项为课题去研究，将是提升科研素质的最好举措。为什么会有"问题"产生，采取什么措施来解决，所采取的措施理论依据是什么，解决的具体过程和步骤又将如何考虑，这些都是课题研究的具体内容。在研究中解决问题，在解决问题的过程中研究课题，两者互相推进互惠互利。

总之，提高科研素质并非高不可攀，只要教师从最具体的工作中着手，善于总结，善于反思，用心攻关，用心研究，科研素质会一步一步提高的。教师也会在科研素质提高的过程中逐渐成长成熟起来的，会成为一个科研型的教师，一个与时代不落伍的教师。

第二节　科研素质之阅读

读书是一种身心的净化，是一种精神的洗礼，是一种人性的升华……不是有"腹有诗书气自华"的说法吗？如果一个人没有书本的滋润，就会缺少智慧的阳光，精神世界就会干缩枯萎，思想底色就会暗淡无光。

教师要教好书，必须一生不离读书。不仅因为师未必贤于弟子，弟子未必不如师。更重要的是为人之师，要有较深厚的文化底蕴，专业化的理论修养，宽厚仁爱的人文精神，独具魅力的人格品质。

大量阅读，仔细咀嚼。"读书、读书、再读书！——这是教师素养的这个品质要求的。"苏霍姆林斯基在任帕夫雷什中学校长时就规定教师必须读一些教育名著。其实，读书的过程就是一个与世界进行交往的过程。一个从狭隘走向广阔的过程。

当前，很多教师的都忽视了阅读。原因有很多方面，比如工作量太大，心理压力太大，没有时间也没有心情去读书，但缺乏阅读习惯是一个很重要的原因。

教师读书阅读什么呢？中小学教科书就是很好的读物。尽管我们的中小学教科书编排得还不是特别理想，但是对于教师来说仍然是很好的读物。因为在中小学教科书中凝结了人类的基本经验，那些内容是最基本的，最核心的内容，是构建我们精神大厦最主要的元素。中小学教科书的内容过去我们都学过，但今天我们的眼界发生了变化，再加上我们的经验背景也发生了很大的变化，去阅读哪些我们熟悉的材料，会有新的感知和收获。同时，对于教师来说，阅读各科教科书，不仅能"温故而知新"，还可以在自己所教授的课程中经常提及，这样就可以利用学生已有的经验背景，帮助学生融会贯通地理解学习内容，也有助于学生形成对世界的完整理解。

教师除了阅读各科的教科书外，阅读一些优秀的教育刊物也是很有必要的。好的教育刊物往往及时反映了教育界同行们对于教育最前沿问题的思索，可以引发自我的思考和探索，同时对自己的研究和发展也会起到一定的推动作用。

教师还需要阅读一些滋养心灵，温润生命的书。特别是一些经典文学作品和思想随笔之类的书籍，这些文质兼美的

作品，会使我们的内心变得温暖、丰富、细腻，让一个人活得更加鲜活。

那么，读书应该如何去读呢？读书是一门艺术，不仅需要去读，还要学会去"咀嚼"。何谓"咀嚼"？曾国藩读史之法可谓深领其会。他说："读史之法莫妙于设身处地，每看一处，如我便与当时之人或辞职笑语于其间，不必人人皆能记也，但记一人，则恍如接其人，不必事事皆能记也，但记一事，则恍如亲其事。经以穷理，史以考事。舍此二者，更别无学矣。——读罢，大喜，得之矣！"这就是读书之人每每能进入书中之情节，自然会深得体会。

读一本书，就是要明确读书的目的，讲究读书的方法。读书要思考，要辨析，不能生吞活剥。为了简单地追求文艺作品中的某种生活状态去读书是不科学的。

清代袁枚说："读书不知味，不如束高阁。蠹鱼尔何如，终日食糟粕。"有人读书读了半世，亦读不出什么味儿来，那是因为读不合适的书，及不得其读法。

培根提出读书的功用：怡神旷心，增添情趣，长才益智。时至今日，读书又有"吞"、"啃"、"品"之法。不吞，无以求其广博；不啃，无以致其精微；不品，无以得其精神。读书，需要反复咀嚼且品味，就像吃豆腐干，嚼过来嚼过去，临了吞下细细的香末，还有余味在口中。如此说来，切不可开了卷，浅尝辄止，或者囫囵吞枣不知其滋味。所以教师在读书过程中，不仅要注重读书的内容，还要有一定的阅读方法。

教书的人爱读书、多读书，不仅是职业的需要，更应该成为一种习惯。因为读书能提高教师的生命的厚度、高度和品位，教师只有有了一定的宽度和深度的阅读，才能口吐莲花，妙语连珠；才能让我们的课堂不仅仅是传授知识，培养技能的训练场，更是传递思想、启迪智慧，充满人文情怀的和生命的大课堂；才能最大限度地实现教书育人的终极目标。

让我们在读书的过程中把教育实践与读书结合，形成自己的教育主张和思路，形成自己的教育表达，反思自己的教育细节和习惯，达到立德、立志、立行；让我们在读书的过程中用知识与技能来改变自己的人生；让我们在读书的过程中"学习—实践—写作，读书—教书—写书"，为自己构筑读书生活，培养自己的读书习惯，培植读书心情；让我们在读书的过程中率性、自然、

平易、真实地写作，提高自身执教科研的能力，从而促进专业

成长！

第三节　科研素质之材料搜集

教育科研资料能使研究者了解有关研究领域的已有成果、发

展历史、当前研究动态，还可以帮助教师选择和确定研究课题、

为论证课题提供理论和事实依据、启发研究者的思维及激发

灵感。

教师科研过程中搜集资料的渠道大致有以下几种：

1. 通过图书馆搜集资料

为了更好地利用图书馆的资料，研究者要能熟练地使用工具

书，包括检索性工具书和参考资料性工具书。

有关教育方面的检索性工具书主要有：（1）书目：即将各种

图书按内容或学科分类所编的目录。书目的种类较多，有图书馆

的目录卡片、各大图书馆的藏书目录、全国图书目录、各出版社

图书目录、各年份出版图书目录等。（2）文摘：即论文、文章的

摘要。它除题录外，还概括地介绍了原文的主要内容，例如《新华文摘》、《国内外教育文摘》、《教育文摘报》、《教育信息报》等。（3）索引：是将书籍或报刊中的内容或题目摘录下来，分门别类地编成简括的条目，并注明该书籍、报刊的出处、时间、期数、页码等，然后按一定的次序排列起来，供人查检。例如《全国报刊索引》、《内容资料索引》、《中文报刊教育论文索引》、《教育论文索引》等。

有关教育方面的参考资料性工具书主要有：（1）教育字典与教育辞典：《辞海》（上海辞书出版社）、《教育大辞典》（上海教育出版社）、《教育辞典》（江西教育出版社）、《教育学辞典》（北京出版社）、《简明教育辞典》（陕西人民教育出版社）、《西方教育词典》（上海译文出版社）、《英俄日汉教育词典》（东北师大出版社）等。（2）教育百科全书：《中国改革全书》（教育改革卷）、《中国大百科全书》（教育卷）、《简明国际教育百科全书》等。（3）年鉴和手册：《中国教育年鉴》、《中国教育统计年鉴》、《中华人民共和国教育大事记》、《中国教育大事典》、《中国近代教育大事记》等。

2. 通过网络搜集文献资料

理论型文献是指对教育教学理论进行研究探讨的文章，主要表现为各种专著，发表于教育期刊、杂志和报纸的论文。科研要有所创新，就必须查阅已有相关的教育理论文献，这既可批判地继承已有的研究成果，又可开阔自己的思路。那么，该怎样搜索教育科研需要的理论文献呢？第一，确定文献的范围，有针对性地去搜索资料。比如根据主题从资料的来源和形成时间上加以限制，集中精力在限定的范围内搜集有价值的、具有典型意义的资料。第二，细致查阅与研究问题有关的专著和论文。这就需要查阅有关的书籍、文章。一般可利用图书馆网站来检索。同时也可利用文献信息网来查找。比如中国学术期刊网就有大量的教育文献资料。

如何搜集文件档案型文献和事实型文献？文件档案型文献是指从中央到地方关于教育的法规、政策、规划及各种统计资料，学校的各种规章制度、发展规划等。这些文献，可考虑到有关地区的政府网站，研究所网站，学校网站找；统计数据可查找各级各类统计年鉴或各种统计报表。教育的事实型文献是指以记载教育活动、人物、事件为主要内容的文献。主要有学校及班级的工作日志、工作报告、会议记录、节假日活动的录像、录音与摄影；教师的教学计划、教案、工作小结；学生的作业、日记、成绩册等。这些文献，可以考虑到有关学校的网上信息中心查找。

3. 问卷调查法获取资料

在教育科研中，还有很多资料靠"查"是不够的，比如，学生的实际喜好，教师教学的感受，等等。这就可采用网上问卷的方式来搜集。问卷方式是研究者为了了解某种情况事实或意见，向研究对象分发问卷请其填写答案，或者在网上进行问卷调查。由于问卷是将调查的对象分成若干个变量，然后再编成具体的问题，制成标准化表格。这样就可以获取多因素资料，针对性强、准确性高。尤其是封闭式的问卷更是便于进行科学统计以做定量分析。并可以在短时间内进行大范围的资料搜集，增加了资料的全面性。此外，问卷方式可以减少回答者的心理压力，凡在谈话时不能直接提问的，均可在问卷上得到回答。有利于搜集到真实的意见和建议。

4. 通过个别交流来搜集资料

交谈，是人与人交往最平常不过的形式，又是信息交流最基本、最常用的方式，同时，它也是一种很好的搜集资料的方式。教育活动还是主观性活动，在这个活动中主体有丰富的内心世界，研究对象"到底是怎么想的?"、"到底需要些什么?"类似这样的问题只有通过真心相待的、轻松平等的交谈才有可能了解到。比如当课题研究中需要对教育事实进行调查，需要调查对象提供确实知道的一般情况；需要征询调查对象意见；需要了解个体的内心世界和心理动机，以及更为细节和个人的情况和事实时就可以通过交谈来获得。有证据表明，交谈这种手段对于研究儿童的个性，探索其表现的根源，了解儿童的思维过程或思想状况，发现学习上困难的原因；了解儿童的家庭情况和父母对儿童的教育态度，了解教师备课方法以及工作的经验体会；了解人们对某些事物的看法、意见和态度，了解个人的经历、抱负、兴趣、爱好和信仰，等等内心活动都有着重要的意义。

在教科研活动中，教师还可以有意识地同本专业的学者、专家、同行进行个别交流，能较快地获得文献资料中难以得到的情报，而且比查找散见于成千上万种报刊的论文容易得多，并具有高度的选择性和针对性。

5. 通过参加学术会议来搜集资料

在学术会议上同本专业的专家交流和倾听他们的讨论发言，能了解目前的研究动态，发现自己的缺陷，得到大量有价值的信息，提高自己的科研能力。

教师在搜集资料的过程中要遵守以下原则：

1. 客观性原则。这是搜集科研资料的首要原则。有些同志在进行科研时，往往是从已有的观念或假设出发，再去寻找材料，或任意裁剪客观材料来证明自己当初的假设。这种做法是不对的。科学研究和搜集资料必须一切从事实出发，尊重事实，反映事实。研究者只有客观地搜集教育科研资料，如实地反映教育事实，才能达到课题研究的目的。所有的结论与规律都来自对客观、充分材料的分析。总之，在搜集资料时，要坚持实事求是的科学态度，避免主观偏见或错误的联想对搜集资料产生影响。只有坚持客观性原则，才能获取

可靠的科学事实。

2. 真实性原则。这一原则是针对搜集的资料而言的。我们生活的世界是由对错是非共同构成的。教育研究过程所面对的也是这样一个真实的世界。教育的本质或规律往往都隐藏在现象或假象背后，因此搜集资料时就必须特别注意到哪些是真实的，哪些是虚假的，不要被活动的假象或表象欺骗了。

3. 全面性原则。研究者必须搜集与研究课题相关的各个方面的资料。所搜集的资料要广泛、丰富，而且能反映课题的各个侧面。研究者必须搜集研究对象所具有的各种规定和各种表现形态在不同条件下的状况。只有对研究的问题有了充分的认识，才可能谈去解决问题，从而总结出教育教学的规律。然而出于种种原因，往往有些研究者会以偏概全，没有掌握足够的资料就妄加论断，得出所谓的"规律"或结论。这种"规律"或结论不但不能解决问题，反而会使原本简单的问题复杂化。任何问题的最终解决都不能凭主观臆想，也不能简单地用一两个事例或现象来搪塞，而是要根据实际，全面了解情况，再进行归纳与总结。

4. 针对性原则。研究者所面对的教育教学活动是丰富多彩的。这一切都是潜在的教育科研资料。对于教育者自身来说，所有的教育活动以及与此相关的一切信息都是需要关注的。但教育科研是有计划、有明确目的的活动，它与一般的了解教育情况不同，因此在搜集资料的时候也就有了明确的针对性。就某一课题而言，应搜集的资料是有范围的。只有有的放矢，才能事半功倍。因此，有效地搜集资料，就是要有针对性地搜集资料。

第四节　科研素质之自我反思

自我反思是教师以自己的职业活动为思考对象，对自己在职业中所做出的行为以及由此产生的结果进行审视和分析的过程。自我反思的本质是一种理解与实践之间的对话，是这两者之间的相互沟通的桥梁，又是理解自我与现实自我的心灵上的沟通。值得指出的是，反思并非教师对教育教学工作进行一般意义的思考和回顾，而是根据反思对象的不同，采取相应的反思方法和策略，达到反思的目的。

自我反思是一个认识过程。既可以是对过去的总结又可以是

对今后的启示；可以是对一堂课反思，也可以是对教学中的一个片断、一种方法、一项活动的反思。

具体来说，教师可以从下几个方面进行反思：

（1）总结精彩片断，思考失败之处。

（2）反思自己的教育教学行为是否有利于学生的发展。

（3）反思自己的教学是否真正实现教学目标。

（4）哪些教学设计取得了预期的效果？

（5）哪些学生的表现有了进步？

（6）是否如你所希望的？发生了什么？

（7）上课时改变了计划的是哪些内容？为什么？

自我反思有助于教师优良专业精神的形成。教师优良的专业精神能够确保教师专业价值与功能的充分发挥，而教师专业精神的培育需要教师不断自我反省、自我调节、自我促进。教师形成反思意识，养成反思习惯，强化对事业、对学生、对自己的责任感，有助于形成教师爱岗敬业、虚心好学、自我否定、追求完美等优良专业精神和意志品质。

自我反思有助于教师实现专业自主。教师专业自主性主要来源于教师的专业知识和能力。反思有助于教师获得专业发展，所以，通过反思提高教师的问题意识和教育研究能力，使教师能主张他的决策和行为，并为其辩护，独立解决教育教学实践中遇到的各种问题，进而发挥手中的专业自主权，实现专业自主。

自我反思是教师发现自己隐性的教育思想的工具。以前，教师手中也有研究观察教学与学生学习的思维工具，这就是我们从教育研究者那里学来的教育理论知识，这只是从别人处借来的工具。现在，经由自我反思，我们突然发现我们手中也有了自己的"工具"。我们经由自我反思可以观察研究自己的教学。那些在日常中我们意识不到的教学行为，没有深思的教学观念，在反思的关照下，对自己和他人的行为与观念就会有了深层的认识。

自我反思是充分挖掘自己专业发展资源的主要方式。教师自身的经验是增长专业知识和提高能力的重要基础，只有经过不断的自我反思，才能使原有的经验不断地处于被审视、被否定、被修正、被强化等思维加工中，去粗取精，去伪存真，这样的经验才会得到提纯，得到升华，从而成为一种开放性的知识系统。唯其如此，经验才能成为教师发展的重要教育资源。教学反思有助

于改造和提升教师的教学经验，为教师开辟了一条专业发展的新路。

总之，教师自觉教学反思是提高自身素质的需要，是培养学生学会学习的需要，是教师进行教育科研的基础，更是提高教育质量的需要。

教学反思能够唤起教师对教育教学中真实问题的关注，教师始终带着问题意识面对教育现象，使教师逐渐地具备了教育家的专业眼光，具备了研究者的素质和能力，也就会找到真正需要我们解决的问题。形成问题意识，教师就会找到反思的触点，其反思的内容会更加丰富，反思的广度和深度会更加深入，引领教师进行深层次的教育探究。要实现教师专业化，持续化发展，就必须大力倡导自我的反思实践，使自己拥有这种思想、意识、能力、习惯，最终实现在教学反思中不断成长。

第五节　科研素质之创新精神

创新是民族进步的灵魂，是当代世界经济竞争的核心。实现中华民族伟大的复兴要靠科学技术的创新，靠全民族的创新意识和创新精神，归根结底还要靠具备创新精神和创造能力的人才。"一个没有创新能力的民族，难以屹立于世界先进民族之林。"可是，对学生创新精神和创新能力培养是学校教育中长期以来的一个薄弱环节。学校教育观念落后，教育模式单一，教学形式过死，束缚了学生的创新意识和创新能力。要培养有创新能力的人才，就要有创新精神的教师。

要培养教师的创新精神，首先管理者要树立科学的创新观，要认识到创新在教育教学中的重大意义，然后要让教师转变观念，从传统的教育观念的束缚中解放出来，引导教师树立正确的创新观。实践告诉我们，我们的教育只有搞素质教育、创新教育才有出路。江泽民指出："创新是一个民族进步的灵魂"。事实证明，"终身学习和与时俱进，开拓创新的能力"应是一个教师应具备的基本能力和基本素质。这要求教师必须具备几种新的教育观念：即素质教育观念、教育个性化理念（没有个性，就没有创造性）、教育国际化理念。学校可经常组织教师学习创新理论，订阅创新学习刊物，组织创新主题讨论，开展创新活动，使教师逐步形成健康积极的创新观。

心理学研究表明，宽松和谐的人际环境，使人脑细胞容易兴奋，使人的思维更活跃，更有利于激发人的创新意识和创新动机。因此，要有效培养教师的创新精神，学校领导就要高度重视在学校构建具有浓厚的民主平等、尊重、信赖、协作的气氛和良好的人际环境，及时了懈、及时把握、及时疏通、及时分析学校与教师两者工作要求的心理差异，找出二者相互满足的结合点，让教师的心理始终处于一种良好的状态，从而投入到学校和集体的工作中去。比如教师也有自己的兴趣爱好，健康的爱好、兴趣是一种无形资产，如果管理者引导得当，能使教师保持积极向上的心态。要给教师一个宽松和谐的工作生活环境，支部和工会工作就要配合行政营造气氛，正确引导非行政性生活团体，发挥教师个人兴趣爱好，合理满足教师要求，让教师保持良好的工作心态；对教师业务、科研管理、人际管理要坚持"严宽"并重，工作过程管理要严，但人际环境要从宽，以求得和谐发展。让教师在一个宽松而又和谐的环境中工作。

其次，教师要在科研中培养自我创新意识。教师的教育教学研究以教师的发展为本。针对自身教育教学中的情境性、具体性、个别性问题展开。重视教学研究中的独立思考，同时积极开展教师同行之间、教师与专家学者之间、教师与学生家长之间的合作研究与对话，借助于别人这面镜子，洞察自身，体验研究过程，解决现实问题，更新个人实践知识，提高专业素质，在描述分析案例，讲述自己故事，记录自己反思、改进教学工作历程中反映自己开发研究的技艺成果。

从课题研究中提高教师的科研创新能力。所谓课题研究项目，就是从研究方面向所指示的问题中确立的研究项目。课题的来源有两方面：一是来源于实践，即在实践中急需解决的问题；二是来源于理论文献，既从书本中找课题。课题的选择过程就是对教师知识水平，综合分析能力的一次检查培养过程。不论采用问题筛选法、经验提炼法，还是资料探疑法来选择课题，进行立项，都必须要面对许多知识、新技能，必然要加强学习，吸收相关的信息，要用新的眼光看待自己习以为常的教育实践过程，这个研究过程正是教师提高和发展的过程。课题实验阶段，也是教师迅速成长的阶段。在此阶段必须紧紧围绕课题，对所研究项目进行观察、记录，

通过掌握大量数据，得出研究结果，从而做出最后课题的结题报告。从整个过程看，课题研究也是教师整体素质提高的一个最佳途径。

教育科研本身就是一种以探索教育规律为目的的创造性的认识活动，教育科研过程中需要自觉学习教育理论，钻研大纲教材，总结经验教训，接触大量新信息，搜集很多相关资料，而且还得有自己的思想，观点，还得提出自己与众不同的新思想、新理念、新理论等。这就使教师在各种级别、各种层次的科研活动中得到实际锻炼，渐渐地增强创新意识，潜移默化地形成创新精神。因此，教育科研对培养教师的创新精神具有重要的推动作用。